FÉDÉRALISME

OU

CÉSARISME

PARIS

E. DENTU, ÉDITEUR

LIBRAIRE DE LA SOCIÉTÉ DES GENS DE LETTRES

PALAIS-ROYAL, 15-17-19, GALERIE D'ORLÉANS

1885

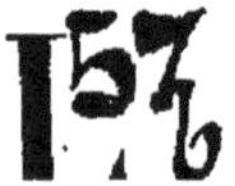

FÉDÉRALISME

OU

CÉSARISME

FÉDÉRALISME

OU

CÉSARISME

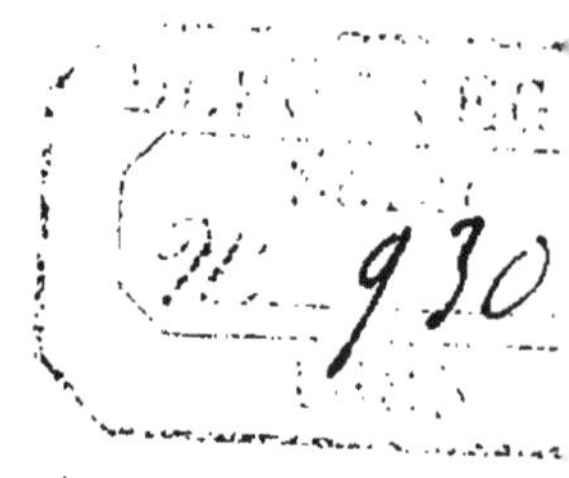

PARIS

E. DENTU, ÉDITEUR

LIBRAIRE DE LA SOCIÉTÉ DES GENS DE LETTRES

PALAIS-ROYAL, 15-17-19, GALERIE D'ORLÉANS

1885

AVANT-PROPOS

Quand l'auteur écrivit cet ouvrage, la revision « limitée » n'avait pas encore été votée à Versailles. On pouvait même croire que, limitée ou illimitée, elle ne serait pas votée de longtemps, cette revision, lancée, comme une machine de guerre, par un parti contre lequel elle s'est finalement retournée, et dont, au fond, personne ne voulait. Et, de fait, ce qu'on entendait ou croyait entendre par ce nom sonore de revision, on ne l'a pas eu; et la satisfaction qu'a laissée derrière elle la réunion de l'Assemblé nationale n'est que le soulagement d'un péril ajourné.

Les meilleurs amis de la République redoutaient l'épreuve et la redoutent encore dans l'avenir qu'ils voient gros de menaces, de celle-là et de beaucoup d'autres.

Car il est trop visible que la revision, qui s'est bornée presque uniquement à détacher la loi électorale du Sénat des lois constitutionnelles, ne peut servir de fondement définitif à l'établissement d'une République pleine de désirs, d'ambitions, de plans de réformes, et agitée d'impatiences à peine contenues, dans l'espoir non déguisé d'un bouleversement social qui, sous prétexte de remettre chacun à sa place, jetterait, un peu plus qu'à l'heure présente même, chacun hors de la sienne.

L'ouvrage qu'on va lire n'a donc rien perdu de son intérêt, ni même de son « actualité » du fait de cette revision escamotée, et fort habilement et heureusement escamotée, puisqu'on ne voulait ni ne pouvait, peut-être, y procéder utilement.

La nécessité qui en ressort, et qui ressort des conditions mêmes de la vie politique actuelle, de constituer un gouvernement nouveau, en dehors des formes expérimentées et usées, ne s'impose pas moins péniblement, et, l'auteur de « Fédéralisme ou Césarisme », peut, sans se faire un mérite trop facile d'une telle prédiction, affirmer que tant que la France ne sera pas sortie du parlementarisme, dont elle ne peut plus vivre avec le suffrage populaire, rien n'aura été fait pour son repos, voire même pour la durée de sa vie nationale

---

FÉDÉRALISME
OU CÉSARISME

CHAPITRE PREMIER

LE PARLEMENTARISME

I.

Le parlementarisme a fait son temps. Il a paru dans notre histoire comme une tentative de conciliation entre le principe de liberté et le principe d'autorité, entre la Révolution nouvelle et la monarchie séculaire, le progrès humanitaire et la tradition religieuse et politique.

Il échoue avec Louis XVI. La Révolution se fait césarienne avec Bonaparte, expansive et universelle. Tentative nouvelle de parlementarisme avec les actes additionnels ; l'Empire en meurt. Le parlementarisme reparaît avec le césarisme bourgeois de Louis-Philippe qui, tournant au parlementarisme organique, meurt de cette évolution.

Nouveau triomphe de la Révolution avec la République inorganique et le césarisme militaire; toujours la lutte du parlementarisme *inacclimatable* chez nous et du césarisme : démocratie organique à forme invariable.

La démocratie à forme variable résulte d'une conception *à priori* d'une République progressive et utilitaire, mais, comme on le verra, une pareille République ne peut avoir qu'une forme : la fédération.

Le parlementarisme a pu s'acclimater en Angleterre par des raisons particulières à la race et à l'évolution historique : la Révolution de 1688, est sans rapport avec la Révolution de 1789. Les transformations successives de la grande Charte à travers la législation élaborée par tous les parlements qui se succèdent, depuis Cromwell jusqu'au temps actuel, n'offrent rien de comparable en France, où les gouvernements ont un caractère personnel et où chaque Révolution amène, avec d'autres hommes, d'autres idées et d'autres principes.

C'est ainsi qu'en France subsistent, encore aujourd'hui, après la mort du comte de Chambord, deux dynasties qui se disputent l'avenir, et il arrive que ni l'une ni l'autre ne représente plus la tradition. La monarchie de juillet ne peut pas être la monarchie légitime, et l'empire n'a jamais réussi à être une dynastie.

Les organes essentiels du parlementarisme sont un pouvoir héréditaire et deux assemblées représentant les deux grands intérêts de toute société humaine : le peuple et l'aristocratie de noblesse, d'argent ou de savoir (ceci est pour les futurs contingents) à qui échoit la représentation naturelle de la tradition historique. Les avons-nous ?

Quel est le spectacle qu'offre le parlementarisme de la République de 1875 ? Des ministres, nés d'hier, portés au pouvoir par accident, renversés par des majorités incertaines, ramenés par les nécessités du moment, dans des combinaisons bâtardes qui déconcertent tout équilibre des partis, amenés aux sacrifices les plus dangereux pour maintenir une majorité qui leur échappe, majorité qui n'est fondée sur aucun intérêt durable et fixe, produit elle-même d'élections sans direction, sans concert préalable, provoquées par nécessité gouvernementale, comme les élections de 1881, n'ayant pu soulever qu'ambitions et appétits, ne représentant aucun principe, ne répondant à aucun besoin :

Un pays, retrouvant au sein des assemblées parlementaires la même incertitude d'action qu'à l'origine de sa Révolution, le même défaut de direction : majorité inexpérimentée dont l'éducation politique est toujours à faire, qui ne peut fournir qu'un personnel gouvernemental restreint ou inapte, sans confiance dans ses chefs, sans point d'appui dans ses principes, toujours à la merci d'une tourmente électorale, n'ayant de préoccupation que l'électeur ou le comité électoral, n'apportant dans les affaires d'autre assiduité que celle de cet intérêt contingent et misérable, docile aux influences locales, aux mouvements brusques de l'opinion, toujours incertaine elle-même, se fâchant contre les ministres qu'elle a élevés, les renversant, puis revenant à eux, leur passant tout ou en exigeant tout, embarrassant la marche du gouvernement jusqu'à le rendre impossible, fatiguant ainsi la nation et d'elle et du système.

Le temps en est passé, et le malaise actuel vient sans doute de l'embarras qu'éprouve le pays à s'orienter. Or, selon nous, l'orientation est fatale, c'est au fédéralisme ou au césarisme que la France ira, selon la marche des événements.

Il faut entendre par césarisme le gouvernement qui tend à subordonner ou supprimer tout ce qui fait obstacle à son pouvoir.

Il faut entendre par fédéralisme le gouvernement qui tend à se dessaisir, progressivement ou autrement, des pouvoirs qu'il détient.

Le parlementarisme est tantôt à tendances césariennes tantôt à tendances fédéralistes; qu'il s'en doute ou non. Nous ne voyons pas, depuis dix ans, autre chose que la succession au pouvoir de ministères tendant au fédéralisme inconscient qui s'appelle le radicalisme, s'avançant dans l'une ou l'autre voie assez résolument, et, tout à coup, revenant effarés à leur point de départ pour s'y faire renverser par la fidèle logique des assemblées.

Ajoutons ceci : Le parlementarisme est à certains égards une hypocrisie et une immoralité. Si les députés avaient une véritable indépendance de caractère et de jugement, le parlementarisme, tel qu'il est institué et pratiqué aujourd'hui, serait immédiatement détruit, car il n'y aurait jamais de majorité formée à l'avance, elle se ferait sur l'heure, au cours de la discussion elle-même. A quoi sert la discussion si la majorité est arrêtée à l'avance?

De quel prix alors payer les convictions inébranlables de ceux qui n'en ont aucune et qui auront toujours celles de leurs ministres ?

Le principe du parlementarisme est qu'une majorité, toute formée par les électeurs et la constitution d'un ministère, demeure fidèle à ce ministère tant que la raison ou l'intérêt la lie à lui. De là, des votes « la mort dans l'âme, » de députés, ministériels avant tout, qui approuvent publiquement ce qu'ils condamnent dans leur conscience.

Le principe républicain d'une démocratie représentative serait le vote par raison, persuasion, patriotisme ou tout autre motif déterminant, honorable et avouable, sans préoccupation de majorité compacte, formée à l'avance, sans faux point d'honneur, de coterie ou de groupe ; vote rendu dans l'indépendance de mandats de confiance. — Mais peut-on espérer de voir des hommes assemblés lever la main ou prendre un bulletin sans jeter les yeux sur leurs voisins ?

J'ai été plus d'une fois frappé d'entendre des députés me dire : « Ce n'est pas mon opinion, mais cependant j'ai voté ; il fallait soutenir le ministère. » Sous prétexte de soutenir le ministère, on arrive à rendre tout ministère et tout gouvernement impossibles. Au reste, le parlementarisme dans sa vérité, c'est-à-dire avec un suffrage restreint, hiérarchisé, une monarchie de droit divin ou élective, pourrait comporter une majorité constituée à l'avance sur un programme déterminé. Dans les harmonies du régime, chez un peuple à idées communes, avec une série de résolutions ou de réformes bien arrêtées ; une majorité d'hommes résolus à soutenir une politique gouvernementale, sur cette base, se comprend naturellement : mais avec le suffrage universel et une présidence à temps, c'est de toute nécessité le gâchis actuel, le régime de l'humiliation parlementaire.

D'ailleurs, de quoi a jamais servi le parlementarisme? Les majorités qui ont soutenu un ministère le renversent, et, mieux que cela, les parlements qui ont soutenu une dynastie lui portent, à l'heure dite, le dernier coup.

Les parlements ne servent pas de liège aux pouvoirs forts; ils sont la pierre au cou pour les pouvoirs faibles. Royauté légitime, monarchie constitutionnelle, empire, tout y a sombré. L'histoire des parlements, depuis 1814 jusqu'à l'heure présente, est, à cet égard, fort intéressante à consulter.

Ce régime, qu'on a appelé le régime de la responsabilité ministérielle, est, à proprement parler, le régime de l'irresponsabilité ministérielle. Les électeurs s'affranchissent entre les mains de leurs mandataires, les mandataires s'affranchissent entre les mains des ministres, les ministres, qui affranchissent le chef de l'État, ne sont, en réalité, tenus qu'à rendre leurs portefeuilles. C'est la pire sanction pour eux, et il n'y en a pas d'autre. Qu'ils aient bouleversé l'État, qu'ils aient méconnu les principes les plus élémentaires de gouvernement, leurs fautes sont toujours exclusivement politiques; qu'ils aient mis l'État dans une situation embarrassée, peu importe, c'est de la politique : ils sont remplacés, le peuple paie et continue de payer ; tout est dit.

Mais le peuple se lasse, il commence à se fatiguer de cette gérance malfaisante et d'espèce insaisissable, car à qui faire payer le dommage ? En rapprochant de lui le Gouvernement auquel il se croit apte, le peuple entend supprimer les intermédiaires et arriver à une sorte de gouvernement direct et fédéral. Et de fait il y arrive. Mais ce qui est à craindre, c'est que, se lassant de ces commissions et sous-commissions instituées à propos de tout, de cette initiative parlementaire maladive, qui fait tomber sur le bureau des Chambres projets de lois sur projets de lois, sans qu'aucun de ces projets puisse jamais aboutir, de ces leurres, de ces trompe-l'œil, de ces apparences de dévouement à la cause populaire qui ne sont qu'une manifestation turbulente d'un zèle électoral malsain, le peuple, finalement, ne tente de substituer à l'action destructive de tant de mains l'action réparatrice et énergique d'une seule. Car si la nation reste cette grande unité, ce grand pouvoir central à formes et organes monarchiques qu'elle est encore à l'heure actuelle, nul doute que seule la main puissante d'un homme puisse quelque chose pour le relèvement de la patrie. Ce que tant d'hommes ont compromis, un seul peut le réparer. Il n'y a qu'un pouvoir central, personnel, qui puisse succéder à un pouvoir collectif, dispersé, dissipateur et destructeur.

II

Le parlementarisme fait donc naître les considérations suivantes : — 1° Sa base, la bourgeoisie, lui échappe ; — autant d'intérêts détruits.

2° Ses hommes, produits d'une sélection électorale emportée avec le suffrage restreint ou à deux degrés, ne se rencontrent plus. Les élus du suffrage universel n'ont rien de parlementaire.

Les pays à forme parlementaire n'ont pas le suffrage universel. Ce mode de suffrage ne peut fournir que des ministres d'action ou des mandataires à mandat défini, impératif, variable, organes des passions et appétits populaires autant qu'interprètes des larges courants d'idées qui, de loin en loin, se peuvent faire jour à travers l'évolution d'une nation.

Ou bien : ce suffrage dirigé devient l'appui d'un césarisme à temps.

3° Les conditions de milieu sont devenues défavorables. La démocratie « déborde » : mot plus vrai que jamais.

Les ouvriers déclarent : « qu'ils marchent à la conquête du pouvoir. » Pourrait-il tomber plus bas qu'à la bourgeoisie d'aujourd'hui ?

4° Les Chambres n'ont jamais soutenu les gouvernements qu'elles avaient mission d'appuyer. Elles ont même aidé à les renverser.

5° Les chefs d'État refroidis et défiants, les hommes d'État méconnus ou impuissants, tous les conducteurs de peuples aigris ou écœurés, se retranchent ou se récusent.

Organiquement,

Le parlementarisme est fondé :

1° Sur les majorités. Or, pour être équitable, il faudrait élever les majorités aux trois quarts des voix ; c'est-à-dire les détruire.

Qu'est-ce qu'une majorité de la moitié des voix plus une ? C'est l'iniquité décorée du nom de légalité.

2° Sur la responsabilité ministérielle qui

entraîne l'irresponsabilité du chef de l'État, contraire à l'esprit républicain : C'est la monarchie élective.

L'idée fondamentale est que le gouvernement de groupes vaut mieux que le gouvernement d'un seul ou de quelques-uns.

L'action et le contrôle sont séparés. L'une est aux gouvernants, l'autre aux gouvernés. Mais comment s'exercera ce contrôle? Par des mandataires approuvant ou improuvant la conduite des ministres. Cela devrait suffire : mais la sanction?

La responsabilité ministérielle? Qu'est-ce que la responsabilité collective de neuf ministres n'ayant à offrir que leurs démissions?

La sanction est dans de nouvelles élections. Nous retombons dans le régime électoral à jeu incessant, épuisant tout jusqu'à lui-même par lassitude et indifférence.

Tout dans la nation devient électoral. Les rapports sociaux se tendent, deviennent haineux ou impossibles.

La responsabilité n'est pas moins illusoire. Toute action naît d'un motif déterminant. Le motif déterminant d'un seul emporte la responsabilité; non celui d'un groupe.

Le vote d'une majorité, bien qu'il se compose d'unités, est impersonnel et sans autre sanction que la sanction électorale dont il vient d'être parlé. Être d'accord avec le chef de l'État ou un groupe parlementaire ou avec les deux : voilà le problème ministériel. Obtenir beaucoup de ses ministres : tel est le problème des majorités. Conséquemment, le motif déterminant des majorités est le plus souvent inavouable, il est toujours inviolable. Triste spectacle pour la moralité générale.

Régime politique d'équilibre instable. Un ministère fait voter les lois destinées à fournir sa carrière ; abroger ou ajourner les autres.

Dans la pratique, un des trois pouvoirs est toujours en lutte avec les deux autres.

On voit dans le parlementarisme une garantie pour la liberté. La faculté de dénoncer à la tribune les abus du gouvernement conduit à l'impossibilité de l'exercer. Les Chambres, pouvoir de contrôle, arrivent ainsi à gouverner sans autre frein que la crainte des électeurs, crainte qui ne se fait sentir que six mois avant l'expiration d'une législature.

Les libertés appelées par M. Thiers « les libertés nécessaires », telles que la liberté de la presse, supposent un état social et un état moral qui rendent leurs abus indifférents.

La répression devient un « excès de pouvoir » et c'est le seul qui reste aux ministres sous le beau nom de respect des lois que leur variabilité rend assez facilement méprisables : encouragement à leur violation. Il faudrait au parlementarisme un « code politique » spécial sur le modèle des autres codes fixant les droits et obligations du citoyen, les libertés publiques imprescriptibles.

Les affaires courantes resteraient aux pouvoirs éphémères appelés successivement au gouvernement du pays.

On parle aussi de gouvernement « d'opinion ». L'opinion est une « variable » qui complique le problème sans le résoudre. Tous les pouvoirs se réclament de l'opinion et prétendent la représenter exclusivement. Il faudrait arriver à des élections incessantes qui rapprocheraient singulièrement du gouvernement direct, le seul gouvernement d'opinion qui ne puisse être contesté parce qu'il se fait équilibre à lui-même. Mais n'est-ce pas retomber dans le fédéralisme ou le césarisme, ces deux grandes formes du gouvernement direct?

On dira : Connaissez-vous un système plus parfait?

De système parfait il n'y en a pas dans l'application. Les instruments les plus parfaits se faussent à l'usage et rien de ce qui est humain ne vaut que relativement et occurremment. Aussi bien, le problème n'est-il pas de savoir si la machine parlementaire est plus admirablement ordonnée que la machine fédéraliste ou césarienne, mais laquelle va s'appliquer, le plus immédiatement et le moins péniblement, au pays de France, en cette triste fin de siècle.

CHAPITRE II

La constitution. — La revision. — Le suffrage universel.

I

Qu'est-ce qu'a institué la Constitution de 1875? Une monarchie élective à temps. Ce n'est pas même la monarchie élective de Pologne, c'est à proprement parler le septennat, les sept vaches maigres qui ne sont pas suivies des sept vaches grasses; sept années mauvaises, avec la perspective d'autres années qui ne seront pas meilleures, à moins d'un changement de système.

Deux choses seules peuvent faire croire actuellement à la République.

1° Le suffrage universel ; mais là, la République se confond avec l'empire ;

2° L'absence de dynastie, et encore il y a un genre de dynastie républicaine qui pourrait rappeler l'adoption des empereurs de la décadence. Or, c'est la dynastie qui a perdu l'empire, c'est-à-dire le principe dynastique et la volonté persistante des Césars à fonder des dynasties. Pour le reste, c'est tout un ou à peu près.

Le problème consiste à modifier la Constitution de manière à donner à la démocratie, qu'est aujourd'hui la France, les organes qui lui permettent une vie prolongée au lieu de la vie accidentelle que lui font les organes actuels.

Il y a certainement plus d'une manière d'arriver à ce résultat, et nous n'avons pas la prétention d'indiquer un système unique. Le bonheur d'un peuple ne dépend pas d'un système unique.

Il est possible de trouver dans les formes très nombreuses de constitutions républicaines applicables à la France une forme préférable aux autres ; cette forme, c'est à un degré ou à un autre le fédéralisme, c'est-à-dire la division du gouvernement, l'indépendance de ces divisions et leur groupement en un lien commun.

Il est impossible de nier que la Constitution de 1875 n'ait pas été faite avec l'arrière-pensée de servir, un jour ou l'autre, au rétablissement de la monarchie constitutionnelle. Or, est-ce à une monarchie constitutionnelle que nous voulons revenir? Si nous voulons revenir à une monarchie constitutionnelle, rien de plus simple. Il faut obtenir du Congrès le rétablissement de la dynastie d'Orléans; on vient d'en supprimer le moyen légal. Le Sénat actuel devrait être modifié et la Chambre des députés devrait avoir une base différente, car avec le suffrage universel il n'y a pas de monarchie possible.

Le suffrage universel est personnel et direct. Sa tendance essentielle est au gouvernement direct et universel, c'est-à-dire s'étendant à tous les objets d'administration. Il n'est donc pas possible d'admettre une monarchie constitutionnelle représentative, ayant pour base le suffrage universel personnel, direct, et à tendances organiquement despotiques; en ce sens que le suffrage qui s'introduit dans l'administration du pays sous forme de représentation générale tend à s'y introduire également sous toutes les autres formes.

De plus, le suffrage universel est excentrique , et, à la fois, il est local, naturellemen localisé ; il s'occupe beaucoup plus des objets d'intérêt immédiat et contingent que d'intérêts généraux. Il n'a pas plus la notion des intérêts généraux qu'il n'a d'idées générales. Le type parfait de l'application gouvernementale du suffrage universel, c'est la Commune; aussi les intransigeants sont-ils dans le vrai lorsqu'ils parlent d'autonomie communale.

L'autonomie communale, ce serait l'administration libre de la commune instituée à l'état de gouvernement complet, d'organe social et gouvernemental fermé, non rattaché à d'autres.

C'est en cela que le système est vicieux ; car la constitution de 37,000 communes autonomes en France n'offrirait pas un très édifiant spectacle. Il faut que les communes d'un même groupe national aient entre elles des liens. La difficulté n'est qu'apparente.

Car ces liens sont existants, dès à présent, et il n'est pas difficile d'en faire la nomenclature.

Le cadre du département ou d'un groupe de départements est tout préparé et existe en réalité dans le système actuel. Resterait à faire entrer dans ce cadre un certain nombre, plus ou moins considérable, de communes se rattachant à un centre commun. La division de la France en quinze ou dix huit provinces ou États, formant chacun un gouvernement complet rattaché lui-même à un gouvernement central ou fédéral, donnerait aux communes de France toute l'autonomie réalisable et permettrait au monde industriel, commercial, positif de cette fin de siècle, des expérimentations sociales et scientifiques qui n'ont pour objectif que le bonheur humain. Car l'humanité actuelle a perdu tout idéal; elle n'a plus pour principe de conduite et d'action un principe de conquête; l'ère des guerres est hermétiquement tenue fermée, non seulement par les peuples et leurs représentants, mais par les chancelleries elles-mêmes: c'est un fait des plus universels, et dans un état semblable il n'y a plus d'autre poésie humaine que la science, plus d'autre idéal, à défaut de croyances et de religion, que la perfection de l'espèce, que l'accomplissement harmonique des destinées pacifiques de l'humanité orientée vers le bonheur personnel. C'est un trait également de nos mœurs et de l'esprit moderne que cette indifférence pour toutes les questions qui ne touchent pas directement à l'amélioration de la condition humaine, au bien-être, à l'industrie, au commerce.

La tolérance politique et religieuse n'est qu'une indifférence consciente ou inconsciente pour tout ce qui n'est pas cela.

La constitution qui maintiendra le suffrage universel aura à compter avec cet état de choses. Si la France veut poursuivre la révolution, continuer et parachever l'évolution de ces douze dernières années, c'est au fédéralisme qu'elle marchera ou alors elle reconstituera sous la forme parlementaire, avec un suffrage remanié, une aristocratie gouvernementale qui fera du régime parlementaire une vérité; et tout vaudra mieux que la bâtardise actuelle.

Comment devra-t-on procéder à la revision? Tout cela, question de moyens gouvernementaux à l'usage des ministres, des cabinets, des députés et de tous ceux qui font profession de politiciens en ce pays. La question n'est pas là.

Le plus simple serait certainement de faire appel au pays par la nomination d'une constituante, mais la revision limitée, mais le scrutin de liste, mais la limitation des droits du Sénat, la modification de la base électorale, tout cela autant de palliatifs insuffisants. Il n'y a pas d'ailleurs à écarter ces moyens, ils vont s'imposer, et s'il n'est pas fait appel à une constituante, la revision limitée, qu'on ne s'y trompe pas, sera un acheminement à des revisions successives qui, de degré en degré, conduiront à cette conséquence dernière de la République : le fédéralisme.

Ce pays, malgré son esprit aventureux, est attaché à ses formes anciennes. Il y a en France, comme en tous pays, des intérêts créés qu'une réforme radicale effrayera toujours, ou plutôt qui effrayeront toujours ceux qui voudront la tenter. Car les peuples voient moins les choses que les hommes : et, les meilleures choses ont le pire destin, entre certaines mains.

Le branle-bas pourrait être donné par la commune de Paris. Paris est en réalité un organisme *sui generis*. Il serait bon aussi pour la France que ses destinées fussent séparées de celles de Paris. Mais la conception d'une capitale ayant des destinées différentes du corps de la nation n'a pas encore pénétré la cervelle des hommes d'État.

On témoigne une grande crainte à la pensée de voir entamer ce qu'on appelle l'unité nationale. Mais l'unité nationale est une unité morale; elle doit tendre à être de plus en plus une expression morale et non une expression administrative ou gouvernementale, qu'elle n'est plus d'ailleurs. Mieux vaudrait une fédération de provinces ou d'États évoluant dans une communauté d'idées et de sentiments, qu'une unité nationale divisée par les partis, les opinions et les rivalités de tout ordre. Le principe monarchique ou despotique peut seul créer l'unité absolue. Ç'a été là le travail de nos meilleurs rois, de nos plus grands ministres. L'unité territoriale constituée par Louis XI, l'unité administrative créée par Louis XIV, l'unité intellectuelle créée par les philosophes, par les poètes, par les artistes, par les savants et les hommes d'État du XVIIIe siècle, résument l'effort français dans ce sens, mais en sommes-nous là aujourd'hui? Tout cela, n'est-ce point le passé? Nous en sommes à nous reviser dans la confusion des idées et des intérêts.

Pour faire quelque chose, il faudrait procéder à la revision par des mandataires spéciaux. Ce n'est ni la triste assemblée actuelle, ni le Sénat réuni à la Chambre en assemblée nationale, qui peuvent procéder à une revision intégrale de la constitution, car si elle n'est pas intégrale, elle sera dérisoire. Je ne dis pas qu'elle sera inutile.

La France peut sortir, par un pas hardi, de l'état présent. Elle peut en sortir, également, par une succession de pas mesurés et timides. Je m'accommoderais parfaitement de la réunion d'une assemblée constituante nommée uniquement en vue de donner à la France une constitution fédérative et d'instituer le pouvoir exécutif nécessaire à l'établissement de ce nouvel organisme. Après quoi, chaque rouage, dont les éléments sont déjà constitués en partie, prendrait naturellement son mouvement, et le fonctionnement d'une telle machine vaudrait bien le mauvais ouvrage que nous recueillons aujourd'hui du parlementarisme.

Si je voulais donner ici un projet de constitution complet, et je pourrais le faire, je soulèverais certainement encore plus d'objections que n'en pourra rencontrer cet ouvrage, aussi en aurai-je garde pour l'instant. Au reste : divers projets seraient réalisables. Il faudrait choisir celui qui pourrait être considéré comme le plus immédiatement applicable. La base en serait la division de la France en un certain nombre de provinces, ayant un gouvernement autonome avec un lien fédéral commun. Les conseils généraux deviendraient de véritables assemblées politiques provinciales. La justice pourrait être élective au premier degré, non au degré supérieur. Elle aurait, à la fois, un caractère local et fédéral. L'armée garderait son caractère national. La gendarmerie fournirait les polices locales. Il n'y aurait plus d'Églises subventionnées. Les cultes seraient libres, la conscience humaine définivement affranchie chercherait sa voie à travers la morale et la science dont le point d'aboutissement sera toujours un théisme sauveur, nécessaire, sommet et base de tout établissement social.

II

Il faut en prendre son parti, il n'y a plus de religion; il n'y a plus un très grand nombre d'idées communes, ni de sentiments communs, ni par conséquent d'éléments capables de soutenir l'édifice d'une grande nation unitaire se gouvernant elle-même. Une grande nation unitaire sans chef, c'est l'anarchie. Vous êtes donc amenés, si vous ne voulez pas de César, à réaliser le fédéralisme.

Il n'y a plus de peuple français; il y a l'individu français qui est une monade politique d'une espèce particulière, mélange de plusieurs races, ethnographiquement insaisissable, portant le poids de révolutions politiques accumulées, un être politique d'une nature spéciale. Cette molécule n'est pas gouvernable autrement que par elle-même, ou elle est gouvernable par voie d'assimilation césarienne; c'est-à-dire que le suffrage populaire direct abdique entre les mains d'un seul : mais dès qu'il est laissé à son libre fonctionnement, ou il s'applique aux objets immédiats et alors il constitue la démocratie directe, ou il s'égare et constitue l'anarchie centraliste et unitaire de la République actuelle.

L'individu est naturellement égoïste; il a généralement l'entente de ses intérêts, mais son égoïsme borne ses vues. Il sera bon administrateur d'intérêts concrets et limités. Il saura associer à son action des actions concordantes. Il formera des syndicats productifs, mais il ne formera pas facilement, si ce n'est par l'association de tous ces groupes, une nation puissante. Les Etats-Unis n'ont de puissance que la solidité des Etats séparés. Ce qui fait la santé d'un organisme, c'est la vigueur de ses éléments.

Le suffrage universel donne d'ailleurs aujourd'hui un spectacle qui devrait frapper tous les yeux. A proprement parler, il divise à peu près la France en deux. — (Voir l'élection de Lodève, la dernière en date au moment où j'écris, 7,070 contre 7,035. Voilà une majorité et voilà une minorité; cela est pure folie en vérité.)

Nous verrons quelle part il faudrait faire aux minorités; mais il faut considérer la nature du suffrage, le milieu où il s'exerce.

Pour ce qui est du milieu où il s'exerce, c'est à proprement parler la nuit. Le ministère qui voudrait rester au pouvoir n'aurait qu'à reprendre la direction du suffrage universel, à supposer que celui-ci voulût se laisser diriger, ce qui n'est pas probable à l'heure présente. Ce ministère aurait ainsi des élections qui seraient entachées de pression administrative, bien entendu, qui lui seraient reprochées : On lui jetterait à la face le souvenir de la candidature officielle, mais il aurait par là quelque chance de se maintenir aux affaires avec une majorité servile. C'était le moyen de l'empire, et le seul que puisse employer un gouvernement autoritaire avec le suffrage universel. Mais le ministère actuel, ceux qui l'ont précédé ou ceux qui lui succéderont bientôt sont-ils autoritaires, le seront-ils, ou plutôt peuvent-ils l'être?

Le suffrage actuel ne peut pas fournir l'ordre dans la République. Il ne peut produire que la confusion. Cette arche sainte excite beaucoup de colères. Il y a bien des gens qui voudraient lui porter des coups et qui n'osent.

Pourquoi ne pas dire franchement que la République actuelle tuera le suffrage universel, et comment ne pas voir que le suffrage universel la tuera ?

Il n'y a pas de suffrage universel sans conditions d'éligibilité et sans conditions d'électorat ; il faut les deux, mais ce n'est pas tout.

Pourquoi ne pas rendre les conditions d'éligibilité plus sévères, ou plus restreintes, et les conditions d'électorat, tout autant ?

Je parlais tout à l'heure des minorités sacrifiées et opprimées par les majorités qui se constituent à une voix près. La majorité des voix, plus une, n'a jamais, à mes yeux, constitué la majorité. La majorité doit être des deux tiers ou des trois quarts, en tout état.

Plus d'un moyen se présenterait d'assurer ce qu'on a appelé le droit des minorités. On pourrait prendre le système de M. Hare. On pourrait recourir au système qui consisterait à compter pour deux voix ou trois voix acquises au même candidat la répétition faite deux ou trois fois, de son nom, sur le même bulletin ; ou bien, modifiant la méthode française, ouvrir à certaines catégories de citoyens, représentant l'élite du pays dans tous les ordres, le droit de déposer trois, quatre ou cinq bulletins, selon leur situation et les droits reconnus à chaque situation (1). En face de leur nom, figurerait une colonne avec le nombre de voix auquel ils auraient droit. Chacun de ces électeurs à plusieurs suffrages, déposerait autant de bulletins qu'il lui aurait été reconnu de voix ; il userait ou n'userait pas de ce droit ; la colonne suivante l'enregistrerait, de manière que le chiffre des voix correspondît exactement au nombre des électeurs, avec le nombre de voix dont chacun pouvait disposer et dont chacun aurait usé. Rien de plus simple ; c'est une question de tableaux et d'écritures. J'autoriserais même le vote par procuration. Les actes les plus importants de la vie sociale ne se font-ils point par ce moyen ?

Ainsi, les supériorités naturelles ou acquises, qui ont un droit certain de prééminence, de par la justice même, et de préaction, pourraient s'exercer, au plus grand bien de la masse. C'est un moyen que je livre aux méditations des hommes d'État actuels : car ils pourraient y trouver le salut de leur gouvernement.

C'est un moyen qui trouverait également son application dans la réorganisation fédérative

(1) Un membre de l'Institut, par exemple, aurait cinq voix.

de la France, car l'égalité ne consiste pas dans le nivellement, mais dans le juste équilibre de toutes les forces, et par conséquent, dans la pesée, aussi exacte que possible, des titres, des facultés, des mérites et des droits qui en résultent.

Le suffrage, qui pourrait rester universel et direct au premier degré, serait nécessairement restreint au second.La base électorale du Sénat actuel, qui ne serait point suffisante pour la constitution d'une chambre de députés, pourrait fournir cependant le type de la hiérarchie à introduire dans les suffrages ; tous les électeurs de la commune concourant à l'élection d'un delégué ou de plusieurs ; et, les délégués, devenus grands électeurs, concourant à l'élection définitive des représentants de la nation.

Je sais qu'il existe chez ce peuple, qui se croit à l'avant-garde de la civilisation, et qui y est en effet, plus encore pour le compte des autres que pour son propre compte, une très forte, très réelle et peut-être très inconsciente résistance à ce qu'il appelle lui-même le progrès, qui n'est qu'une expérimentation plus ou moins hasardée de formes sociales et politiques nouvelles, d'où résultent des désordres ou des harmonies dont souffrent et profitent, à la fois, les peuples. En conséquence ce n'est pas tout à l'heure que les réformes que j'indique, les solutions que je laisse entrevoir seront abordées, j'en doute fort, mais il y a là des indications. C'est dans ce sens que se fera le développement de la révolution, ou la révolution rétrogradera. Nous reviendrons aux formes empiriques des gouvernements mixtes, parlementaires, bourgeois, ou césariens, des septennats déguisant la royauté constitutionnelle ; mais nous n'avancerons pas.

L'individu français, qui constitue véritablement un agent de civilisation et un facteur de propagande révolutionnaire incomparable, est-il mûr pour ce self-government que j'entrevois? Il est possible que non. L'expérience le démontrera.

Si le dégoût que nous inspirent les hommes nous conduit au dégoût de la République elle-même ; si par une injustice, qui est un penchant trop naturel chez nous, nous rendons une forme de gouvernement responsable de la mauvaise administration de ceux qui ont le pouvoir, c'est au césarisme que nous retournerons. Jamais le problème du gouvernement de l'homme par l'homme, du gouvernement libre et direct ne s'est posé aussi nettement entre ces deux termes : ou l'individu se gouvernant aussi directement que la nature des choses sociales le comporte, ou l'individu abdiquant entre les mains d'un maître. Or le maître se trouve toujours, et le mieux serait de le choisir, si l'on croit vraiment que le fédéralisme soit irréalisable.

CHAPITRE III

LA MOLÉCULE FRANÇAISE.

Elle n'est pas ethnographiquement déterminable.

Ce mélange de diverses races, sans cesse altéré par les mouvements historiques (à ne prendre que ceux du IXe siècle au XIXe), qui s'appelle le peuple français, n'offre plus de matière à la science ethnographique, mais uniquement à la science historique ; ce qui veut dire que l'élément français est devenu un élément essentiellement d'ordre moral, moléculairement indéterminable. Il faut prendre l'ensemble de la science française, combinée à la science des autres peuples, et leur histoire, pour pouvoir préciser, d'une manière qui ne

3.

sera jamais absolument satisfaisante, parce que les éléments d'appréciation seront constamment dépassés par le mouvement de croissance ou de décroissance de la nation elle-même, le caractère, ou les caractères, qui distinguent actuellement la molécule française de la molécule des autres peuples. Les peuples d'autre race, le peuple allemand, le peuple anglais, possèdent une molécule scientifiquement appréciable. Là, l'ethnographie combinée à la science historique peut préciser, avec une certaine exactitude, les éléments fixes qui sont entrés en combinaison à l'origine de la constitution sociale de ces races et qui s'y sont maintenus dans la suite. Mais chez nous, rien de pareil. Ethniquement, et historiquement, la molécule française paraît s'effacer dès l'apparition du régime parlementaire. Le mouvement révolutionnaire de 1789 apparaît comme l'effort suprême de la race en travail de reconstitution. Depuis, il y a indéterminisme dans les mouvements, incohérence et, jusqu'ici, impossibilité d'une fixation quelconque des destinées historiques. La France est un vieux peuple, et le peuple de demain, s'il doit se lever quelque jour, n'apparaît pas encore. Etre sorti de cette condition peut être une supériorité, mais quelle direction prendre?

L'avantage pour une nation de n'être qu'une race, est l'avantage même d'un tempérament jeune auquel toutes les expérimentations de la vie sont possibles, parce qu'elles peuvent être supportées, comparativement à l'avantage d'avoir l'expérience acquise, mais de n'avoir plus aucun tempérament et de ne pouvoir plus supporter aucune expérimentation sociale. Nous en sommes probablement là aujourd'hui : de telle sorte que le peuple Français est arrivé au temps de la réflexion, de la maturité, de la pleine possession de ses forces et de la science sociale la plus développée ; si développée même qu'il n'est pas imaginable qu'une science sociale plus complète puisse donner des résultats plus certains. Nous possédons actuellement tous les éléments de science sociale suffisants pour constituer un état social définitif. Aussi bien, cette situation peut-elle comporter des avantages considérables sur ceux qu'assure la race elle-même aux autres nations plus jeunes, si nous savons tirer parti de l'expérience acquise, des phénomènes, des faits, des connaissances accumulées depuis les premiers siècles de notre histoire. C'est là précisément qu'est attendue notre race, ou ce qui en reste, par les autres peuples, attentifs à tout ce qui se produit chez nous. Ce mouvement d'effacement des caractères ethniques et d'apparition des caractères moraux, s'affirmant de plus en plus, n'a peut-être pas été suffisamment observé.

La valeur morale de la molécule française au temps passé a été considérable. Le tempérament vif, le génie logique et brillant de notre race donnait à l'élément français une valeur qui a été longtemps appréciée.

La valeur présente est certainement moins en faveur. Elle est peut-être équivalente, bien qu'elle ait moins d'apparence. Mais si l'on observe que la molécule française offre aujourd'hui, plus que jamais, matière à une reconstitution sociale plus équitable, plus conforme au droit naturel et pouvant supporter un état de liberté incomparable avec les états passés, on peut reconnaître que, politiquement tout au moins, la valeur de la molécule française est encore fort appréciable.

La France est, nécessairement, une démocratie, depuis que tous ont été appelés au bénéfice de l'égalité et d'une instruction commune. Il ne peut plus y avoir d'autre aristocratie que celle de l'âge, de l'expérience et de la supériorité des talents : car, pour ce qui est du talent, tout le monde arrive à en avoir.

Reste une question d'organisme ; c'est précisément celle qui est en cause. A l'ordre naturel et aveugle, nous essayons de substituer l'ordre humain et savant. Lequel nous satisfera?

Nous travaillons peut-être à une toile de Pénélope. Si c'est là le travail de l'humanité, et que Dieu l'ait ainsi ordonné, que nous importe? Il est nécessaire à l'accomplissement de notre œuvre que nous croyions à sa durée et à son résultat. Retirez à ce peuple l'idée qu'il n'est pas supérieur à l'humanité passée, vous aurez ramené le monde occidental à la barbarie : loi du progrès-décadence. La religion humanitaire, révolutionnaire du dix-huitième siècle est le dernier acte de foi de l'humanité affranchie.

L'athéisme n'est pas seulement dans les choses divines, mais dans les choses humaines. L'homme ne croit plus à Dieu. S'il ne croit plus à l'homme toute croyance est perdue. C'est depuis qu'il ne croit plus en lui que ce peuple montre de l'irrésolution et de la faiblesse. L'action humaine suppose une énergie suffisante. L'inertie, mortelle à l'homme, peut atteindre un peuple et lui devenir funeste. La première condition pour pouvoir user de ses forces est d'avoir confiance en celles qu'on a, quelles qu'elles soient. Si chacun de nous s'assurait qu'il est possible de trouver, en tout Français, un élément de civilisation, nous aurions plus de considération pour nous-mêmes, et au lieu de porter ombrage aux autres, nous leur offririons un appui et un espoir.

La transformation de l'élément ethnique, purement organique, en élément moral destiné à *déséthniquer* les autres nations, pour les amener à un type de civilisation supérieur, en les dégageant du fatalisme organique de race, de tempérament et de phénomène historique, doit faire de la molécule française une force d'organisation et de vie. Il suffirait de prendre conscience et possession de nous-mêmes pour assurer à l'humanité le bienfait d'un ordre nouveau, fondé sur la raison et la justice. Les destinées des peuples ne sont pas toujours les mêmes à tous les âges de l'histoire. Ils ont des services réciproques à se rendre, au point de vue de la civilisation générale. Après avoir rempli un rôle militaire glorieux, la France peut remplir un rôle civilisateur important. Il est des hommes qui, après avoir mené la vie la plus brillante, la plus heureuse, la plus enviée, voient tout à coup l'âge venir, et savent montrer assez de caractère et de sagesse pour transformer leur existence. Ils retrouvent en influence et en autorité l'éclat que la jeunesse a emporté. « Qui n'a pas l'esprit de son âge, de son âge a tout le malheur, » a dit Voltaire. Ce mot sprirituel pourrait s'appliquer au peuple français, à l'heure présente. Je le crois entré dans l'âge de la sagesse. Nous devons considérer les autres avec bienveillance, seconder leurs efforts, conseiller leurs actes, modérer leurs passions, faire la justice autour de nous, donner les bons exemples. C'est à proprement parler, la mission à laquelle se trouve amenée la société française à notre époque.

CHAPITRE IV

DES CAUSES QUI POURRAIENT PRÉCIPITER LA CRISE ET DE CELLES QUI L'EMPÊCHENT D'ÉCLATER.

En premier lieu : ce qui nous reste de nos défauts ethniques.

Qu'en subsiste-t-il encore aujourd'hui? Il n'est pas facile de le déterminer. C'est quand l'individu est malade qu'il est possible de mesurer les forces de résistance dont il est encore capable. C'est dans une crise que nos défauts anciens ou nos qualités acquises apparaîtraient. Présentement, nous pouvons dire, sans injustice, qu'il nous reste encore quelques défauts dangereux.

Nous avons longtemps considéré les autres

peuples comme étant très inférieurs à nous, et cela, parce que nous les croyions dissemblables. Or, il y a entre les peuples infiniment de points de ressemblance et, ce qu'il y a de particulier, c'est que ces points de ressemblance deviennent plus nombreux à mesure que la civilisation se dégage, que les peuples se rapprochent. Il y a moins de distance entre nous et l'Allemagne actuelle, par exemple, qu'entre l'Allemagne de Frédéric II et la France de Louis XV même. Oui, l'Allemagne est en voie d'évolution vers des destinées semblables aux nôtres, qui affaiblissent chez elle l'élément ethnique, très considérable encore à l'heure présente, pour l'amener à devenir comme nous, de plus en plus, un élément de civilisation. Le rapprochement entre l'Allemagne et la France est fatal. Nous avions donc tort, avant les événements de 1870, de ne pas croire à l'Allemagne, de même que nous ne croyions pas aux autres nations.

Nous sommes, il faut le reconnaître, plus disposés aujourd'hui à une juste appréciation des qualités qui recommandent à notre attention les peuples qui nous environnent. Notre vantardise nous a coûté fort cher. Notre accablement pourrait nous coûter davantage. Entre l'excès de confiance en soi et le découragement le plus profond, il y a place pour l'action virile. Après nous être crus d'une race supérieure, il serait dangereux de nous croire d'une race damnée.

Un souvenir personnel me revient souvent. C'était en 1870, pendant le siège de Paris. Un matin, en me rendant à mon service militaire, je lus le compte rendu de la conférence que M. de Bismarck venait d'avoir avec Jules Favre. Une des paroles du discours qu'il lui tint me frappa au cœur. « Je ne vois pas, » disait l'homme de fer, « en quoi l'honneur français diffère de l'honneur des autres peuples. »

Ce mot, si vrai et si cruel, souligna à mes yeux la différence essentielle des deux races. Jules Favre, d'éducation toute latine, de bonne foi, ne voyait point d'autre honneur que l'honneur français.

L'Allemand, observateur et philosophe, en quelques mots, accusait toute la distance qui sépare les deux races.

Nous n'en sommes plus, je pense, à mériter une telle leçon ; mais si la vantardise et la jactance ont fait place à la réflexion et à la prudence, nos querelles intérieures, qui ont absorbé toute notre activité, semblent seules passionner en nous ce qui reste de passionnable, mettent en relief et enflent peut-être certains défauts qui nous causeraient à nous-mêmes autant de mal que pourrait faire l'étranger, si nous ne prenions grand souci de nous réformer.

Je ne parle point de l'esprit de division, de l'esprit de classe étroit, égoïste, de l'esprit d'anarchie qui nous agite, dans une impatience turbulente et nous porte aux solutions les plus contradictoires, soulève tous les problèmes à la fois et décourage les meilleures volontés. Je cherche, parmi les causes qui nous menacent directement, celles qui se rapportent à mon sujet, et que la solution qu'offre le fédéralisme pourrait faire disparaître. Il est constant que la notion d'État s'est affaiblie et tend à s'effacer. C'est là, sans doute, une des causes occultes de l'affaiblissement du gouvernement en France. L'individu pense résumer l'État tout entier, et, dans la libre disposition de ses forces, qui lui est désormais laissée, il va jusqu'à cette illusion.

Par une contradiction, dont nous donnons

trop souvent l'exemple, l'individu français apparaît comme un socialiste d'État, et le socialisme d'État confondu avec ce qui reste d'esprit gouvernemental en ce pays, est un des fruits les plus malsains du jacobinisme. C'est aussi un danger considérable ; car le socialisme d'État serait une sorte de ruine universelle faite d'injustices, d'interposition violente des situations, de troubles dans l'économie industrielle et financière du pays.

Ce socialisme d'État est encouragé par le parlementarisme, par le besoin de satisfaire les électeurs les plus bruyants, la classe ouvrière. C'est encore une des conséquences les plus détestables du parlementarisme actuel fondé sur le suffrage universel, c'est-à-dire sur la base qui lui convient le moins : car qui dit parlementarisme, encore un coup, dit suffrage restreint et hiérarchisé.

Il n'y aurait pas de mal que la notion d'État fût endormie chez nous, comme celle d'Église. Car la notion d'Église est désormais emportée. Mais l'État athée est une conception jacobine irréalisable et irréalisée ; c'est une des erreurs de l'opportunisme officiel.

Un État est croyant ou tolérant, de toute

essence. Il supporte toutes les religions, comme les États-Unis ; mais il possède nécessairement une majorité de citoyens qui est catholique, protestante, musulmane, etc.

Il est très vrai que le nombre des catholiques diminue et que le nombre des protestants, des théistes, des *unitariens*, à l'exemple de l'Écosse, augmentera, car il est dans la nature humaine d'être religieuse.

On a fait de belles statistiques pour établir que la majorité des Français n'est plus catholique, parce qu'une foule de gens se disent catholiques, étant nés de parents catholiques, mais ne le sont pas et ne professent aucune religion. Il est certain que s'ils ne professent pas la religion catholique, ils professent une religion, qui n'est peut-être pas une religion reconnue ou officielle, qui est la leur propre, mais c'est encore une religion, c'est la religion *personnelle*. Il faudrait voir ce que produirait une statistique qui recenserait le nombre des athées ; alors on serait fondé à dire que la religion est chassée de ce monde.

La religion *personnelle* est, à elle seule, une cause qui peut précipiter la crise actuelle et favoriser, dans une mesure très considérable, la destruction de l'ordre parlementaire actuel et sa transformation en ordre fédératif. Au reste, tout tend, de plus en plus, à l'individualisme.

Le pouvoir central ne s'exerce plus que de nom. Le pouvoir législatif et le pouvoir exécutif se confondent; ce sont les Chambres, à proprement parler, qui gouvernent; et cela leur réussit bien d'ailleurs! je ne vois plus de préfets, ni de sous-préfets ; je vois partout des conseils locaux qui, à l'imitation des Chambres, accaparent tous les pouvoirs, et une administration qui les laisse faire.

Au reste, comment les empêcher? Les préfets voient clairement que le seul moyen de tenir en place est de passer la main aux élus du suffrage universel.

Avec des lois telles que la dernière loi municipale, celle sur les syndicats professionnels, qui donnera sans doute à toutes les forces ouvrières les moyens et le droit de se fédérer; avec le conseil municipal de Paris tendant à l'autonomie absolue et y marchant par une série de mesures contre lesquelles rien ne peut désormais, il y a quelque apparence que le mouvement de désagrégation que je signale va se produire d'un jour à l'autre comme conséquence dernière du mouvement révolutionnaire et républicain.

Dès lors nous tomberons dans une réaction absolue. Mieux vaudrait se préparer à une réorganisation de la France.

Les traités de commerce qui ont été passés par nos gouvernants, notamment, en 1881, sont des pactes de famine. Le danger prochain le plus grand serait de nous forcer à la guerre pour sortir de ces traités ruineux, à moins qu'on négocie leur annulation.

Le pays ne veut point la guerre, mais la guerre rendue nécessaire pour sauver nos industries, notre agriculture, la guerre pour la faim serait une guerre terrible et bien aventureuse, et, c'est peut-être ce qui ne se serait jamais vu, en France qu'une pareille guerre. Il y aurait là la condamnation de toute une polique, de tout un régime.

Je ne veux point examiner si notre armée est préparée à un rôle si lourd. Je sais que le plus grand désordre règne dans nos administrations. Je sais que la prévarication s'y est introduite, je pourrais citer des faits que par patriotisme je tairai ici. Notre armement est sans doute complété et suffisant, mais quelle guerre sérieuse a pu former nos jeunes troupes depuis treize ans, et quelle solidité offriraient-elles devant un ennemi continental? quelle valeur a le jeune soldat français comparativement à la valeur du soldat d'il y a vingt ans? C'est ce que les hommes spéciaux pourraient seuls décider. Je crains beaucoup que cette valeur ne soit inférieure à celle du soldat français d'autrefois. La réduction du service militaire, en fait, jusqu'à ce qu'on l'obtienne en droit, n'est point de nature à l'augmenter.

Je me demande si l'esprit de désordre, d'incohérence, la succession trop rapide des chefs de service les uns aux autres, la révocation ou la mise à la retraite des plus anciens et des plus capables, l'entrée en fonctions de favoris à peine au courant de leurs services; la funeste politique qui s'est infiltrée jusqu'au sein des administrations, et les agite, les énerve, les provoque aux délations, aux rébellions, aux pires sentiments, si toutes ces causes n'ont pas diminué notre puissance de résistance ou d'action, et ne feraient pas qu'au dernier moment, nos espérances même les moins ambitieuses, pourraient être trompées?

La politique extérieure tendant à une extension de la colonisation française mériterait d'être encouragée, en toute autre circonstance; mais au moment où les budgets sont en déficit, où pour les équilibrer on convertit la rente, on fait appel au crédit public, on a recours aux expédients; c'est pour nous une perte de forces sans regain possible avant longtemps. L'abandon de l'Égypte, cette faute capitale de la Chambre actuelle, ce fruit amer du parlementarisme, les difficultés et les lenteurs de l'expédition du Tonkin, les sacrifices nouveaux qu'elle nécessitera certainement, car nous voilà là-bas pour de longs mois, les souffrances réelles de toutes les classes sociales atteintes dans les sources du travail, de la production, de l'épargne et du revenu, constituent un ensemble de causes qui, du jour au lendemain, peut nous placer dans un état des plus graves.

Les peuples qui donnent des lois aux autres sont toujours près de se dissoudre. Car les lois qui sont les progrès et la civilisation pour les peuples conquis, sont la décadence pour les peuples conquérants. Ou il arrive encore que ceux-ci donnent des armes contre eux et sont réduits à leur tour. Ce sont les éléments étrangers et barbares des légions romaines qui leur apprenaient la révolte, après en avoir reçu l'enseignement des armes. Ce sont les éléments conquis, non assimilés, qui ont fini par triompher de la puissance de Rome. Ainsi les peuples qui ne jouissent plus des accords sociaux nécessaires à leur durée, peuvent encore produire au dehors des harmonies politiques et sociales qui apparaissent comme un bienfait et une force pour des sociétés moins avancées.

Les lois que nous donnons aux Tonkinois et aux Tunisiens peuvent les porter à un heureux développement : alors que ces mêmes lois nous divisent et nous détruiraient, si nous y persistions.

Le vieil esprit romain, administratif, dont nous avons hérité, se retrouve dans nos modes d'organisation coloniale. Après l'avoir détruit à l'intérieur avec ses traditions d'autorité nécessaires, nous nous en montrons encore capables au dehors. C'est que nous trouvons dans cette race noire et jaune une matière gouvernable qui ne se rencontre plus chez nous.

Nous serions encore des gouvernants bienfaisants s'il restait matière à gouverner chez nous. Mais nous sommes devenus une race de rebelles et de petits despotes, destructive à elle-même, peut-être utile aux nègres de l'Afrique centrale. Si cet esprit démocratique, de domination impuissante ici, ne nous tourmentait pas, nos expéditions coloniales ne trouveraient pas grâce devant le suffrage populaire.

Or, le dernier des électeurs se réjouit à la pensée d'asservir à notre civilisation, et aussi à ses rêves de fortune, quelques fils du Céleste Empire ou quelques pauvres sujets du roi Makoko.

Je disais que la démocratie était incompétente passé les limites de la province. Les législateurs modernes paraissent incompétents passé les limites d'un budget départemental. Avec l'instruction universellement répandue, le suffrage universel, son mode de fonctionnement et les médiocrités qui en résultent les supériorités étant tenues à l'écart d'une manière pour ainsi dire systématique et organique, les grandes capacités et les grandes intelligences faisant défaut, non pas qu'elles ne soient pas dans la nation, elles y sont, et on les rencontre, même dans les temps les plus troublés, les plus décadents ; qui donc se rencontrera à la tête de nos administrations ? Qui donc, par exemple, saurait manier un budget de 3 milliards et demi ? Qui sait voir clair dans la confusion des chiffres ? Se doute-t-on de l'apprentissage nécessaire au maniement d'une puissance budgétaire aussi considérable ?

Dans de telles conditions, à quels résultats sera-t-on amené ?

Autrefois, de degré en degré, on s'élevait à la situation de représentant du peuple. Un homme d'État, vers la fin de sa carrière, après avoir passé au ministère à plusieurs reprises et dans plusieurs administrations, finissait par se trouver en situation de rendre à son pays les plus éminents services par l'expérience, par les connaissances acquises. Aujourd'hui, un avocat de village, un aigle de chef-lieu d'arrondissement s'abat au Parlement, s'y fait important, devient ministre : Il ignore même les plus simples relations humaines.

Ce qui maintient l'état social actuel est moins la satisfaction où chacun est de son état que la conscience d'avoir peu à gagner à en sortir.

La liberté, autrefois poursuivie avec passion et désormais acquise, n'est pas uniquement une force d'expansion comportant la solution de tous les problèmes et devant porter, sans transition, l'humanité au dernier degré de développement. Elle s'offre souvent à l'homme comme un embarras. C'est un bien dont tous héritent; mais tout héritage n'est point profit. Que faire? Beaucoup attendent plus du hasard que d'eux-mêmes.

L'état social démocratique, assurant une égale liberté à toutes les forces, barre le chemin à l'imprévu. Il ne permet plus à l'homme de rejeter sur les autres la responsabilité de sa misère. Le désir de changement se borne *aux améliorations.*

C'est la fin des révolutions, avec la perte de l'énergie, la conscience d'un état médiocre, impossible à changer et qui, pût-il être changé, n'offrirait pas d'avantages sur le présent.

Ce sentiment désarme la Révolution en lui montrant le dernier point où elle va toucher.

Personne ne songe sérieusement à changer de condition. Chacun a quelque chose à perdre et ce qui serait à gagner ne s'aperçoit plus.

On a pu appeler la Révolution de 1848, la Révolution du mépris. On peut appeler le maintien de la déchéance actuelle, le régime de l'indifférence, de l'inénergie, de l'inespoir. Le dégoût et la prostration de toutes les forces actives d'une nation, faite pour se sentir honorée et brillante, font plus pour la perpétration de la bâtardise politique actuelle que ne feraient toutes les activités les plus intelligentes d'un régime défini pour se mainnir et s'affermir.

Le contentement de soi est aussi nécessaire aux peuples qu'aux individus. Or, la France, sans vouloir l'avouer, se voile la face devant son humiliation et sa faiblesse.

CHAPITRE V

DES FORMES DE GOUVERNEMENT ET DE L'IDÉAL SOCIAL.

La forme est en soi indifférente, car la forme est identique à l'être. Les formes contiennent les fonctions, les fonctions sont déterminées par les caractères, les caractères par l'hérédité. L'hérédité dépend de la cellule, qui comprend tout. Tout y est consubstantiel. — A cet égard, l'être social ne se distingue pas de l'être animal. Un peuple crée sa forme de gouvernement par le développement même de ses éléments ethniques. La race est ici dominante; car, ce que sera la race, le peuple et son gouvernement le seront aussi. Les puritains d'Angleterre abordent les côtes de l'Amérique du Nord, ils y forment des sociétés qui se groupent les unes autour des autres par un jeu naturel de l'activité de la race, et dès 1776 les États-Unis d'Amérique sont constitués.

Chez nous, nous l'avons vu, l'élément ethnique devient négligeable, les races sont à ce point fondues, que les formes du gouvernement que nous cherchons à réaliser se trouveront dans le développement de la raison commune plutôt que dans les sources ethniques. Si jamais la raison pratique d'un peuple lui peut fournir matière à la fixation de ses destinées, c'est bien aujourd'hui que l'expérience peut s'en faire en France.

C'est un très grand sujet d'embarras pour une nation que cette liberté constituante, qui la met en une sorte de rupture avec la tradition passée, sans la fixer sur les destinées à venir. Nous en sommes là, précisément, et le moment de se résoudre est venu.

Mais pouvons-nous dire que cette sorte de consentement général, nécessaire à l'établissement d'un gouvernement durable, offrant à la nation une ère de développement indéfini, soit sur le point de se produire, ou qu'il soit même possible qu'il se produise chez aucun peuple? La grande charte d'Angleterre a été donnée à ce pays par l'accord de ses barons, de ses grands feudataires; depuis le XIIIe siècle, l'aristocratie gouverne le pays. Les nobles de Pologne s'assemblaient à cheval et en armes pour élire le roi. Les grands législateurs de la Grèce et de Rome ont marqué le chemin à leurs nations.

Il est difficile de dire qu'un peuple se soit donné des lois; c'est généralement l'œuvre d'un seul. Malheureusement nous ne voyons pas à l'heure présente, en France, de législateur ou de représentant qui puisse remplir le rôle que Solon, Lycurgue ont joué en Grèce. Et, cependant, il faudra sortir de l'incohérence présente, *per fas aut nefas*.

S'il est vrai que la molécule française tende à devenir presque exclusivement un élément moral, un agent de civilisation et de propagande civilisatrice, il est vrai aussi qu'un tel élément a pour principe d'action des mouvements brusques, des expérimentations nombreuses sur le champ où s'agitent les intérêts politiques des nations.

Sans être absolument un peuple nomade,

puisque le Français dès qu'il le peut, se met en retraite et se fait rentier sur sa propre terre, il y a bien, chez le peuple français, un élément de turbulence qui pourrait être comparé à celui des tribus nomades dont le type est demeuré l'Arabe. Il se rencontre en nous, sinon un esprit d'entreprise, au moins un esprit d'aventure qui nous porte aux expéditions lointaines, aux résultats incertains, et cela malgré l'esprit positif du temps, car ce qui domine et les intérêts, et la politique, et même les spéculations de la pensée, il faut bien le reconnaître, c'est l'esprit positif. La philosophie anglaise, le positivisme de Comte et de Littré ont fait cette œuvre. De là, une sorte de transformation de la figure historique française, qui n'apparaît pas toujours avec ses qualités complètes. Mais, en réalité, ces qualités subsistent, et l'esprit positif et positiviste n'a pas encore tout envahi en nous.

Cependant, notre idéal s'est modifié. L'idéal social était chez nous la gloire, une sorte de fureur de percer l'histoire, cette nuit de toutes les grandeurs et misères humaines, d'un long et retentissant écho de victoires, de chants de guerre. Nous étions susceptibles d'enthousiasme, nous marchions avec une assurance qui ne se démentait pas vers des destinées incertaines, inconnues ; mais qui, toutes, devaient, dans nos espérances, grandir notre influence et faire de la patrie la grande patrie de l'humanité.

Ce qui était vrai essentiellement alors, l'est encore, mais seulement dans la forme : nous éprouvons que nous pouvons encore jouer dans le monde, mais par la seule influence morale, le grand rôle que la victoire nous a refusé par le secours des armes.

L'Angleterre a joui jusqu'ici, depuis près d'un siècle, d'un rôle pareil ; elle a été un modèle pour les autres gouvernements ; sa politique, son développement économique ont inspiré l'Europe. La France pourrait jouer un rôle semblable sur le continent, et au delà même, en offrant, au reste des nations, un modèle de civilisation. C'est précisément là le problème actuel.

Quoique nous en ayons, l'unité est l'œuvre de la monarchie. La monarchie est essentiellement unifiante, accapareuse, centralisante ; c'est un principe de concentration. La fédération, esquissée en 1791, eût été l'œuvre durable de la première République, mais il y avait le jacobinisme. La République, telle qu'elle procède de l'esprit révolutionnaire, s'offre comme un principe de désagrégation, de dissémination qui va de l'État à la commune. Mieux vaudrait sans doute s'arrêter à la province. La démocratie se montre incompétente passé les limites de la province. Il faudrait abandonner l'esprit de la Révolution qui a donné tout ce qu'il pouvait produire ;

1° Une force de concentration contre l'ennemi du dehors :

2° Une force d'opposition contre les gouvernements monarchiques à l'intérieur.

Aujourd'hui, la Révolution n'a plus rien à renverser ; c'est peut-être ce qui l'embarrasse un peu. Elle est appelée à organiser ou à laisser la place à un principe d'organisation. Or, ce principe d'organisation peut se rencontrer chez un seul ou chez quelques-uns ; il y a longtemps que Rousseau a dit qu'une nation qui réclame des représentants, se donne des maîtres. Mais un grand peuple de 37 millions d'hommes a nécessairement des maîtres. Il faudrait avoir l'esprit de le reconnaître.

Que notre idéal soit celui que j'indiquais

tout à l'heure, qu'il soit tout opposé au contraire ; qu'il consiste uniquement à réaliser, pour chaque citoyen, le bonheur personnel, qui peut s'accorder avec le bonheur universel, mais qui est exactement le contraire de la conquête, de la guerre, de la gloire militaire ; encore faut-il réaliser les conditions sociales, essentielles à cet idéal circonscrit. Or, si chaque citoyen recherche le bonheur individuel, s'il n'est plus féru que de cela, qu'il regarde autour de lui, sa vue ne s'étendra pas bien loin : c'est le foyer, c'est la famille, c'est la commune, c'est le district ou la province, tout au plus ; et encore, ces limites lui paraissent bien éloignées. La province offrira à son activité la plus ambitieuse, et au delà de la province, la patrie, la grande patrie, à ses facultés les plus exigeantes, un champ suffisant.

Pourquoi ce regard fixe vers ce foyer, à distance plus brillant et plus séduisant qu'il n'est en réalité, qui s'appelle la capitale ? Paris attire des générations entières qu'il absorbe, qu'il dévore. Si la province n'était pas là pour lui fournir sans cesse des aliments nouveaux, Paris se dévorerait lui-même ; et je ne parle point ici au point de vue de l'hygiène sociale, je parle au point de vue exclusivement politique. « Ce cerveau de la France » la tuera d'apoplexie. Les civilisations surmenées produisent des maladies de cet ordre, le cerveau entraîne tout le reste. Plus une civilisation se complique, s'affine, plus le nombre des idées mises en circulation s'accroît ; plus les besoins se multiplient, plus les mœurs se compliquent. La division en découle nécessairement et dans les idées, et dans les besoins, et dans les aspirations, et dans les tendances, et dans les mœurs, et dans les caractères.

Chaque centre offre un terrain de floraison qu'il faudrait laisser s'épanouir. La France n'est plus un corps simple. Les crises économiques, industrielles, financières, dont nous ne sortons plus, ont cette cause, en même temps que d'autres : que tout ce qui arrive à Paris y est dévoré, que la vie se retire des extrémités.

Il faut réveiller la vie locale. La paix sociale est à ce prix. C'est par Paris d'ailleurs que la fédération, si elle se fait jamais, se produira. Les tendances autonomistes de sa municipalité en sont une indication suffisante. Mais, organiquement, une ville de près de 3 millions d'âmes est un État dans l'État, ou plutôt est à lui seul un État qui a droit à son autonomie.

Ce qu'il ne faut point souffrir et ce qui est absolument inadmissible c'est qu'une ville, si importante qu'elle soit, fût-elle la capitale d'un grand État, s'impose au reste de la nation et prétende faire découler d'elle toute vie et tout esprit vivifiant. Les universités établies à Bordeaux, à Lille, etc., les académies qui se sont constituées sur divers points du territoire, dans nos départements, montrent qu'il y a en France d'autres foyers de lumière possibles que Paris. Il est parfaitement soutenable que Paris a droit à une administration autonome; mais il est parfaitement soutenable que Paris ne pourra exercer ce droit que, quand, par sa réorganisation, la France aura échappé au despotisme de la grande ville et se trouvera à l'abri de toutes ses entreprises.

Que Paris serve de modèle et réalise un État d'autonomie ou un État fédératif qui approche de la perfection ; rien de mieux. Mais en présence de Paris indépendant, il est nécessaire de constituer des centres également indépendants où la vie et la pensée française se répercutent et où chaque citoyen puisse retrouver une image constante de la patrie dans son efflorescence.

Il est remarquable d'ailleurs que la tendance actuelle des peuples soit de plus en plus au gouvernement direct. Chacun d'eux cherche des formules en harmonie avec son état actuel de civilisation pour réaliser, sinon absolument, au moins relativement, ce gouvernement du peuple parle peuple. Les tentatives violentes des partis anarchiques dans toute l'Europe prouvent la force du mouvement. Elles sont une accusation contre l'état présent des peuples.

A l'encontre d'un tel mouvement, il n'y a que le fédéralisme ou le césarisme. Le nom même de République ne répond plus à un état de choses réel ; l'État français n'est présentement une République, comme nous l'avons vu, que parce que le pouvoir exécutif n'est plus héréditaire. A la place de République française, il faudrait écrire : Fédération française, et alors les monarchistes eux-mêmes, qui combattent la République, comme l'antipode du gouvernement monarchique, pourraient trouver place dans le gouvernement nouveau : car la monarchie elle-même n'est qu'une fédération sous la main d'un seul. Qu'on le veuille ou non, les sociétés n'offrent plus que de vastes associations d'intérêts, une sorte de fédération qui, dans le fait, existe, mais dont le nom effraye encore ; sans doute parce qu'il est des hommes d'État qui ne s'en trouveraient pas bien.

En résumé :

L'idéal social est un idéal de bonheur. L'idéal politique est un idéal de puissance. Il y a contradiction entre l'idéal social et l'idéal politique.

Les peuples qui veulent conquérir et grandir doivent constituer ou conserver leur unité. Ils arriveront au progrès-décadence. Les peuples qui veulent conserver et jouir, doivent se fédérer, s'équilibrer en toutes leurs parties, asseoir leur force, organiser leur bonheur dans une concrétion, presque végétative, de leurs activités diverses. Exemple : la Suisse, séculaire, et, séculairement, neutre et heureuse.

Les pouvoirs politiques aiment les concentrations de puissance ; ils vont à l'unité, et s'y tiennent avec acharnement. Ces pouvoirs tendent au césarisme et le réalisent sous diverses formes.

Les mouvements sociaux destructeurs, ou modificateurs des pouvoirs politiques montrent des tendances contraires. Ils vont à une désagrégation de la puissance unitaire, à un fractionnement de l'autorité qui semble aux masses un soulagement ou un affranchissement.

Ces mouvements sociaux ont d'ailleurs deux pôles entre lesquels ils oscillent, suivant leur point de départ. Ils vont au césarisme unitaire par réaction contre-anarchique. Ils vont au fédéralisme par réaction contre-césarienne.

Une trop forte concentration du pouvoir politique ou un trop grand relâchement les déterminent également. C'est là ce qui rend les pouvoirs populaires précaires, incertains, agités, en dehors de la forme fixe, du cadre organique du fédéralisme qui est bien la forme naturelle, essentielle aux démocraties.

CHAPITRE VI

L'ALLEMAGNE. — L'EXTÉRIEUR. — FÉDÉRALISME EUROPÉEN.

I

L'Allemagne ne remplacera pas la France, et nous ne remplacerons pas l'Allemagne avec ses hautes qualités d'ordre, de travail, de discipline, ses mœurs simples et philosophiques. Ces facultés précieuses, nous les avons eues autrefois et elles ont fait la force et la gloire de la nation. Il ne nous reste plus aujourd'hui que des facultés individuelles ; plus de facultés ethniques. L'esprit français demeure encore le plus brillant et le plus subtil, d'une subtilité lumineuse qui pénètre tous les peuples; mais de corps, la France est devenue faible et menace de faiblir encore. Il nous faut trois ou quatre hommes là où un seul suffisait, trois ou quatre fois plus de forces pour un même résultat. Diminution fatale d'énergie! Trop de libre pensée, trop d'incrédulité, trop de libre imprévoyance, trop de science et de richesses pour un peuple, sans doute. Aussi ne sommes-nous plus un peuple, tout au plus une nation cosmopolite, à patriotisme décroissant, capable de porter partout une civilisation qui fut aimable; impuissante à recevoir aucun enseignement du dehors. Malgré tout, nous continuons à nous croire d'essence supérieure, alors que nous sommes à peine le produit supérieur de facteurs disparus. Où ressaisir les éléments d'une régénération vivace de l'ancien type français, d'une attraction si irrésistible? Quels peuples aujourd'hui viennent à nous?

Le rayonnement du génie français est limité et nous ne sommes plus seuls à penser et à étonner le monde.

L'esprit français tel qu'il s'offre à nous de 1580 à 1760, pouvait seul prétendre à une influence extérieure. C'est le temps où le français va remplacer le latin comme langue universelle, et porter partout la légèreté enjouée, les idées vives et sympathiques de la nation : force d'expansion immense qui nous attache la société savante de Berlin, nous conquiert Vienne et la Russie, fait de Frédéric, de Marie-Thérèse, de Catherine II, de toutes les aristocraties alors dominantes, des puissances françaises.

Marie-Thérèse, Joseph II, Kaunitz écrivent en français, bon ou mauvais, font de l'esprit en français. Gœthe traduit Voltaire et lui attribue la clarté de son style. Schiller traduit Racine et l'imite quelque peu. Cette puissance intellectuelle, cet élément de conquête vaut mieux que la prétendue civilisation chrétienne qui n'est pas exclusivement nationale, tant s'en faut. Il faudrait même en séparer l'esprit français, dont la seule expansion nous assurerait l'influence morale que nous aimons à exercer.

Mais que reste-t-il de cet esprit français? Et cette force de propagande qui devrait désormais remplacer absolument la propagande religieuse, laquelle n'a plus même l'excuse de la foi, de la part de ceux qui veulent l'imposer, cette force précieuse qui la représenterait et la dirigerait désormais? — Est-elle seulement condensable?

A la civilisation chrétienne, en extrême Orient, il faudrait substituer la civilisation française.

Mais qu'aura-t-elle à offrir à ces peuples plus âgés et plus sages qu'elle?

L'Allemagne offre à la France un point d'appui. Elle n'ignore pas qu'elle ne saurait remplacer les dons éclatants de l'élément français par aucune de ses vertus, et que la solidité de sa race ne suffit pas pour lui assurer la jouissance paisible de sa domination.

Si puissante qu'elle se sente, elle craint la France et désire son amitié.

Elle a moins de mépris de nous que nous de haine contre elle. Elle a assez de diplomatie pour faire taire tout sentiment qui ne se rattache pas à l'intérêt germanique. C'est la Russie qui est l'ennemie pour elle, ce n'est plus la France.

Irions-nous en plein XIXe siècle reprendre, contre l'Allemagne, la série de guerres contre l'Angleterre qui remplit le moyen âge? Mais l'Allemagne est en puissance de fournir contre nous une guerre de Cent ans! Et alors même qu'un patriotisme aveugle, auquel on ne peut plus croire, nous entraînerait à de nouvelles guerres avec l'Allemagne, ne faudrait-il pas arriver, après tant de sang versé, à reconnaître que la civilisation allemande et la civilisation française sont congénères et se complètent, que les deux nations étaient sœurs et faites pour s'accorder ; comme il est advenu pour ces séculaires ennemies : la France et l'Angleterre.

Ce serait, en vérité, un bien grand miracle aux yeux d'un des combattants d'Azincourt ou de Poitiers, que l'alliance anglo-française de Crimée, en 1855. On peut assurer que le même phénomène d'étonnement se reproduirait pour un des combattants de Frœschwiller, revenu au monde vers 1925, ou peut-être avant la fin du siècle. Car avant longtemps, l'accord que j'entrevois pourrait s'établir, et l'Europe être préservée des maux cruels qui ont affligé le passé.

Le malheur est que nous ne comprenons pas l'Allemagne. Nous ne la voyons pas telle qu'elle est, mais telle que d'ignorants auteurs nous l'ont faite.

Elle n'est ni géographiquement, ni commercialement, ni même ethnographiquement l'ennemie de la France. Elle n'est pas l'ennemie-née, l'*anti-nation*. Elle est même historiquement une ancienne alliée, et ses origines se confondent avec les nôtres. Sa civilisation, ses philosophies, sa morale, ses religions, ses mœurs forment un milieu semblable au nôtre.

Même orbe, même atmosphère, mêmes mouvements d'idées. Nous avons échangé mieux que nos produits : des hommes et des principes ; depuis Voltaire jusqu'à Henri Heine, depuis Goëthe, Schlegel, Lessing jusqu'à Gustave Freitag.

Au XVIIIe siècle, l'esprit français pénètre la cour et la société de Berlin où se rencontrent de libres esprits et de nobles cœurs de femmes, telles que Caroline et Rachel Varnhagen. Depuis plus de cinquante ans, l'esprit germanique nous a doucement enveloppés. Il nous donne Spinoza, nous lui donnons Descartes. Le sage génie de Kant, si moral, si humain a déjà entrevu une fédération d'États libres. Lessing, Schelling, Hegel, Strauss introduisent des points de vue nouveaux, font naître la réflexion, forcent le moi à s'observer, déterminent les règles des rapports sociaux, éclairent l'histoire des religions et les philosophies, inspirent Cousin, Proudhon, Renan, dégagent la pensée civilisatrice que l'école physiologique vient enrichir ensuite, semant les anneaux de la chaîne qui unit les races et fonde l'humanité.

L'esprit germanique, patient et consciencieux, s'allie à l'esprit vif, compréhensif, tolérant des races françaises, le soutient et le complète. L'Allemagne et la France, c'est Grimm et Diderot. Cette amitié-là est encore possible.

Est-ce que l'Autriche n'a pas pardonné Sadowa, et n'est pas devenue une fidèle alliée?

L'Allemagne croit et obéit : ce qui est la force des nations. L'Allemand a ses défauts, mais ces défauts n'ont rien qui s'oppose à un mariage de raison avec les nôtres.

Si les Allemands sont forts contre leurs voisins de l'Ouest, ils sont forts aussi contre leurs voisins de l'Est. Nous serons heureux un jour de trouver en eux une barrière à l'envahissement Slave-Mongol-Tartare-Mandchou qui menace l'Europe entière. Il suffira d'un tzar, d'un nouveau Gengis-Kan pour que le mouvement éclate. La Russie est destinée à entraîner l'Asie vers l'Ouest, à lui ouvrir le chemin, à diriger l'envahissement.

Il faudrait obtenir pour l'Alsace-Lorraine une autonomie sérieuse, garantie, qui en ferait une espèce de grand-duché de Luxembourg indépendant. Cette zone neutralisée, terre d'Empire, mais, de cœur, pays de France, pourrait se rattacher, dans la suite, au groupe national. Sans compter qu'avant peu, sans doute, l'Allemagne serait trop heureuse de nous restituer nos malheureuses provinces en échange de notre alliance contre l'envahissement russe, ou même seulement par compensation pour notre neutralité bienveillante.

Que nous offrirait d'ailleurs l'alliance russe ?

Je vois dans notre histoire des alliances de la France avec les peuples allemands.

Je n'en vois pas avec la Russie!

Le rêve d'un jour, de Napoléon, avec Paul Ier et Alexandre, était le partage du monde qui suppose accord entre les deux puissances les plus fortes. Est-ce le cas?

II.

Il existe une coalition permanente des monarchies européennes contre la République française. Cette coalition résulte moins de traités particuliers que de la nature des choses.

Présentement cet accord des puissances européennes est peu redoutable, parce qu'elles sont absorbées par les embarras de leurs gouvernements intérieurs, embarras qui ne sont médiocres nulle part.

La paix dépend toujours autant de la faiblesse des forts que de leur moralité.

Au reste l'Europe forme, de plus en plus, une famille dont les membres se prodiguent les marques les plus hypocrites de la tendresse, ne pouvant plus s'entre-détruire sans risquer l'existence personnelle. L'équilibre européen, cette entité qui fut longtemps une flagornerie, résulte moins de la prédominance d'une puissance que de la faiblesse de toutes.

S'il est vrai que, tour à tour, chacune des grandes puissances de l'Europe y a joué un rôle prépondérant et tenu les autres en balance, depuis Charles-Quint jusqu'aux Napoléons et jusqu'à la Prusse moderne, il est vrai que désormais les unes et les autres se font contre-poids presque également. L'Allemagne ne se trouve en sûreté que depuis la triple alliance, et cette triple alliance n'en provoque aucune autre qui lui puisse faire obstacle. Une contre-alliance qui viserait les trois empires est inutile : elle est formée à l'avance de tous les États menacés ; mais la menace elle-même demeure impuissante. Les cabinets savent fort bien qu'avec le système militaire actuel, c'est l'existence même d'une nation qui, au moindre engagement, se trouve en cause.

Les gouvernements hésiteront toujours à lancer les unes contre les autres des nations tout entières armées.

Si c'est là le service qu'aura rendu l'obligation pour tous de porter les armes, il faut s'en applaudir; mais on doit reconnaître que le danger d'un tel état de choses est de livrer, sur une seule bataille, toute une nation à la merci d'une ou plusieurs autres.

Plus vous créez d'intérêts, fondez et bâtissez, plus vous rendez la guerre destructive et odieuse. En instruisant vos soldats, vous mettez la science au service de la barbarie.

Si les cabinets ne négocient point quelque désarmement, la fin de ce siècle sera une mêlée atroce.

Remarquez qu'une nouvelle forme de diplomatie s'est introduite à claire-voie de l'opinion. Les résolutions des cabinets peuvent être annoncées à l'avance par tous ceux qui se tiennent au courant des affaires publiques.

Dans de telles conditions, ne vaudrait-il pas mieux tenir en Europe, une sorte de congrès permanent, de tribunal international des conflits où toutes les questions seraient assurées de recevoir une solution équitable, au fur et à mesure qu'elles se présenteraient? La diplomatie, cette peau de chagrin de la politique moderne, y trouverait encore une occasion honorable d'exercer ses talents.

Presque toutes les nations de l'Europe sont liées les unes aux autres par des traités de commerce, des conventions monétaires et postales, etc. — La Suisse, la Belgique, l'Italie et la France sont liées par une convention monétaire, pourquoi ne le seraient-elles point par une convention diplomatique, établissant entre elles un tribunal arbitral, qui leur ferait l'économie d'une diplomatie coûteuse et inutile?

Entre ces nations point de difficultés essentielles. Avec l'Allemagne même, l'accord serait possible; avec les autres puissances il rencontrerait peu d'obstacles. Et si trois ou quatre puissances seulement se liaient ainsi entre elles pour leurs affaires communes, quelle force n'auraient-elles point vis-à-vis des autres? Voyez ce qu'a produit déjà l'alliance des trois empires?

La Suisse a trois peuples confédérés. Cette confédération a une ceinture de peuples qui fournit une confédération toute tracée : Italie, France et Allemagne. Un tribunal des affaires communes entre ces trois peuples serait un premier lien fédéral. L'Europe est latine et germaine. Elle n'est que cela. Les autres races sont asiatiques.

Les provinces unies de France pourraient ouvrir le chemin aux États-Unis d'Europe.

Ce qui prévient contre nous, c'est le mauvais esprit révolutionnaire qui nous représente comme l'ennemi des rois, des dynasties, des religions. Il y a des peuples autour de nous qui tiennent à leurs dynasties, à leurs religions. Il faut les respecter dans leurs attachements et dans leurs croyances. L'esprit de liberté les fait nos alliés, l'esprit révolutionnaire et jacobin en ferait nos ennemis.

L'entente monarchique, à l'état permanent contre nous, a un triple caractère. Elle est monarchique, dynastique; elle est antirévolutionnaire-socialiste : elle est antifrançaise. Cessons d'être les ennemis des rois et des trônes, cessons d'effrayer le monde par l'anarchie de nos doctrines, et l'entente des monarchies cessera d'être antifrançaise. Elle ne sera plus qu'une coalition politique que notre sagesse dénouera et transformera en un équilibre où les peuples et les princes trouveront les garanties de liberté et d'autorité également nécessaires aux sociétés.

III

L'Allemagne elle-même est-elle assurée de ne pas revenir à l'état fédératif ?

J'ai connu une Allemagne heureuse. C'était avant la guerre fratricide de 1866. Les peuples sages et soumis du Rhin et de l'Elbe vivaient paisiblement. Leurs mœurs étaient douces et simples, mais le mal dont souffrent tous les peuples modernes, l'ambition d'être fort et redouté, l'orgueil de la domination, un enivrement de liberté allait s'emparer d'eux.

L'œuvre de M. de Bismarck devenait possible. Nos fautes la rendirent facile. Mais l'œuvre reste fragile.

L'hégémonie militaire, plutôt que nationale, imposée aux peuples allemands est une œuvre de haine, non d'amour ; de haine contre nous, non d'amour entre ces peuples autrefois indépendants, aujourd'hui écrasés sous le joug prussien, accablés sous les charges d'Empire, divisés par leurs fois religieuses.

Qu'ils n'aient plus de raisons de nous haïr ils n'en trouvent plus de se tenir unis contre nous. Nul doute qu'une politique plus habile eût, en 1870, réussi à retenir les états du Sud dans la neutralité et l'indifférence.

Les Allemands sont fiers de leur succès, ils sont forts et redoutés ; mais sont-ils plus heureux ? Or, chez cette race, tendre et rêveuse, le problème philosophique est surtout celui du bonheur humain que les anciens groupements satisfaisaient davantage.

Je n'ai jamais cru à l'unité allemande.

La prétendue unité de l'Empire actuel est un groupement d'États sous le protectorat prussien ; c'est encore une sorte de confédération germanique.

Celle-ci se reformera quelque jour sur un

plan nouveau. L'Autriche-Hongrie est déjà une fédération de couronnes jusqu'à ce qu'elle devienne tout à fait une fédération de peuples. L'Italie, l'Espagne, suivront le même mouvement, déferont l'ouvrage de ces dernières années, reviendront aux formes anciennes sans préoccupations exclusivement nationales, dévorées, comme les autres, du besoin de bonheur individuel. Mouvement d'intégration et de désintégration qui semble une loi de l'histoire, si l'histoire a d'autres lois qu'une ironique fatalité.

Ainsi envisagée, la fédération sera pour les vieux peuples un rajeunissement. Ils recommenceront les épopées de la Grèce, de la ligue achéenne, ou se livreront au commerce, à la passion de s'enrichir comme les races les plus jeunes du nouveau monde, comme les colonies de l'Australie qui demandent aujourd'hui à entrer en fédération. Les ministres de la République du Transwall ne viennent-ils point d'exprimer cette espérance des Boërs eux-mêmes : former avec la République d'Orange et le Cap, les États-Unis du sud-est africain ?

Ce qui facilitera le mouvement d'indépendance des peuples par la fédération, c'est la fin de l'Église, cette puissance étrange, si savamment ordonnée qu'elle aura résisté quinze siècles aux brusqueries de l'histoire. Avec elle, tout droit divin disparaît. Le droit humain seul subsiste; mais sans assises. Situation nouvelle dans le monde dont il faudra sortir.

CHAPITRE VII.

CONCLUSION.

La France est un pays de formes monarchiques et d'esprit révolutionnaire.

Comme l'Italie est à la fois guelfe et gibeline, la France est à la fois monarchique et révolutionnaire.

Sa destinée semble être, depuis tout à l'heure un siècle, de se précipiter du gouvernement d'un seul au gouvernement de tous pour revenir brusquement à l'autorité d'un maître.

Des deux côtés, il y a abdication ; car le gouvernement tombant aux mains d'une démocratie sans frein, c'est toujours l'abdication de la France, c'est une minorité menaçante et cruellement dominatrice qui se fait suivre et obéir, c'est l'oppression plus insupportable lorsqu'elle vient d'une faction triomphante et commandant au nom d'un pays sans volonté.

« La liberté ou la force de l'âme est la vertu « des particuliers, mais la vertu de l'État, c'est « la sécurité, dit Spinoza. » Ce qui revient à dire que la vraie liberté est dans l'âme humaine, que celle-là qui ne dépend ni des lois, ni des mœurs, ni des caprices d'un maître est la seule qui soit digne de nous et qui ne puisse être atteinte; c'est la liberté d'Epictète les fers aux pieds. La liberté politique est donc fragile et *infixable*. Il est bon de la rechercher; il serait puéril de la croire impérissable quand on a pu l'établir un instant.

Mais cette vertu des particuliers peut ne pas se rencontrer, dans un État, sans qu'il y ait péril pour leur existence, tandis que si l'État n'offre point de sécurité, tout est perdu. C'est la justice, c'est la confiance qui sont le plus nécessaires aux sociétés.

Or, il faut reconnaître que les formes les plus variées de gouvernement peuvent offrir cette sécurité à un degré équivalent.

Le désordre régulier de La Salle est la loi des choses humaines.

Le gouvernement qui se décore présentement du nom de République, n'est qu'une forme exclusive de démocratie inorganisée.

Il serait temps de reconnaître que les gouvernements dépendent des circonstances qui n'agissent point de même, il est vrai, sur tous les peuples, mais dont l'accord avec chacun produit des gouvernements différents, d'autant plus fragiles que les races sont plus mêlées et l'esprit qui les anime plus révolutionnaire.

Il n'y a point de bon gouvernement. Les hommes n'en peuvent fournir, tout ce qui est humain étant imparfait et inconstant.

Si l'on veut sérieusement essayer du gouvernement du peuple par lui-même, il faut lui livrer la commune, le département ou la province. Il faut rendre les petites unités libres. Elles seules sont permanentes. Elles sont les molécules indestructibles du corps social ; ce sont elles qui sauvent les nations et les reconstituent quand leur vitalité organique est assurée.

Si de trop nombreuses causes de dissociation sociale apparaissent, si les excès du gouvernement parlementaire, à base démocratique, rendent nos destinées incertaines, il faut reconnaître cependant qu'il existe un état social intellectuel qui échappera à l'action du pouvoir quel qu'il soit : c'est un point désormais acquis. La nationalité survivra aux épreuves sociales, trouvant son refuge dans la culture supérieure des esprits, dans les vérités scientifiques acceptées, dans le patrimoine de civilisation ainsi constitué.

Les formes de l'ancienne société permettaient beaucoup à un seul homme contre la liberté des autres ; les formes actuelles ne laissent de liberté à l'homme que contre lui-même. Le bon plaisir qui s'exerçait d'un prince à tout un peuple et pouvait devenir une tyrannie raisonnable, ne s'exerce plus que d'individu à individu, ou de groupe à individu, ou de groupe à groupe : le plus ordinairement, l'individu offre à lui seul un champ complet d'expériences à la liberté de se nuire, et, de peur d'être détruit par le caprice d'un maître, il se détruit de ses propres mains dans l'exercice orgueilleux de droits sans limites.

L'homme autrefois *protégé* n'a plus de protecteur que soi-même ; c'est la protection de l'ignorance et de la misère.

Il avait contre l'oppression toutes les énergies du caractère, toutes les ruses de l'esprit, toutes les puissances de l'âme et celles de la force ; il n'a plus que la loi souvent sans glaive et sans justice comme aux mauvais temps de l'histoire. Au lieu de compter sur lui-même, ce qui est la condition nouvelle qu'il s'est faite, l'homme compte sur l'État. La nature des choses le force à chercher un point d'appui qui se dérobe. Il n'en a réellement plus ni en lui, où toute croyance a été étouffée, ni hors de lui où les intérêts en lutte le dévorent s'il est faible, et l'usent s'il résiste.

Notre monde celto-latin se défend à peine contre un dernier envahissement de la civilisation germano-saxonne. La démocratie américaine est tout près d'imposer ses formes à la démocratie française, et par la démocratie française, à celle de l'Europe entière.

Il ne reste plus rien ou presque rien de l'esprit classique, monarchique et catholique, ni même davantage de l'esprit néo-chrétien, philosophique et humanitaire, mais jacobin et théiste de la société de l'an III et du mouvement révolutionnaire de 1815-1848.

L'émancipation humaine a passé du domaine des idées au domaine des faits.. Elle se fait plus étendue et plus profonde d'heure en heure. C'est un courant qu'aucune force ne pourra remonter. Le César de demain, s'il se présentait et triomphait, ne pourrait que détourner un instant le torrent ; à son tour, il serait un jour emporté.

Aux limites de cette révolution indéterminée des forces sociales abandonnées à elles-mêmes, il y aura un choc en retour, réaction vive et meurtrière. Nous en sommes loin encore. La fédération n'est pas faite, comment pourrait-elle déjà se détruire elle-même ? Car elle se détruira plus ou moins longtemps après s'être fort laborieusement constituée, comme il est déjà arrivé en Italie, en Allemagne. Et c'est la condition de tout ouvrage humain. Quinze à vingt siècles de monarchie se détruisent en quelques années. Un demi-siècle peut être employé à trouver une formule, un mode d'organisme qui vivra, plus ou moins, selon ce que vaudront ses éléments. Certainement, l'organisme ayant atteint l'extrême limite de croissance où commence la dégénérescence, un peuple heureux et libre se trouvera livré aux rivalités et aux guerres intestines qui sont l'excès même de la puissance, quand elles ne sont plus les tentatives de forces jeunes et actives pour s'organiser.

Les Républiques apparaissent dans l'enfance et au déclin des sociétés.

La série historique a un ordre prédéterminé par la race, l'hérédité, le milieu et l'accident, cette part de liberté que Dieu laisse en pâture à l'illusion humaine. Cet ordre variable selon chaque peuple, nous a conduits de la féodalité à la monarchie unitaire, de la monarchie unitaire à la Révolution, de là à la République et au parlementarisme, du parlementarisme au césarisme et du césarisme nous voici ramenés au parlementarisme et à la République. La série sera fermée par un retour à la féodalité reconstituée par le fédéralisme, forme nouvelle réalisant le progrès-décadence, progrès en tant que République, décadence en tant que monarchie.

Un peuple nouveau peut sortir de là, et en doit sortir, ouvrant une série historique inconnue mais qui, *à priori,* devra comprendre depuis le fédéralisme le plus excentrique jusqu'au fédéralisme le plus concentrique, et depuis le despotisme municipal jusqu'au despotisme impérial. Les États-Unis d'Europe pourront devenir l'Empire d'Europe, un nouvel Empire d'Occident opposé à la rude attaque que préparent les mouvements de concentration de la race noire et de la race jaune sous l'effort du fanatisme antichrétien.

Il faut prendre garde que musulmans et bouddhistes, sunnites et autres, ne deviennent par-dessus tout *antichrétiens*, c'est-à-dire, ennemis, et ennemis coalisés, de l'Europe entière. La prétendue civilisation chrétienne aura beaucoup à se faire pardonner. La prétention de baptiser et catéchiser l'extrême Orient peut amener l'invasion de l'Occident. Au reste : ce mot de civilisation chrétienne est un mot dont on mésuse ; car les peuples convertis au christianisme, comme les Abyssiniens, par exemple, qui ont été juifs et qui, aujourd'hui, sont chrétiens, ne connaissent rien de la civilisation occidentale. Ils sont baptisés, non autrement chrétiens. En Orient, l'Église se contente de ce baptême et compte pour siens tous les fils du Soleil convertis à ce premier sacrement.

Ce n'est pas de civilisation chrétienne qu'il faut parler, c'est d'une certaine civilisation, produit de l'esprit latin et germano-saxon, révolutionnaire, positiviste et humanitaire qui envahit jusqu'aux empires de la Perse et de l'Inde, y pose le problème de l'émancipation humaine, et menace le monde d'un ébranlement universel. Le progrès-décadence, mot qui formule si exactement ce mouvement, pourra se retourner, devenir la décadence-progrès, et l'humanité rebâtira le temple de ses destinées infranchissables.

La démocratie aime à se griser des mots de progrès, de *marche en avant.* Elle est à l'avance acquise à toute mesure qui répond à ces idées vagues de transformations incessantes, en vue d'un état imaginaire qu'elle se trouve impuissante à définir. Elle reste embarrassée et confuse quand on la presse de formuler un programme, de déterminer une politique. Pour s'en tirer, elle tombe aux extrêmes, applaudit à la violence qui lui paraît de l'énergie, aux déclamations, aux formules toutes faites ; elle s'infatue d'une science dangereuse et incertaine. L'oppression d'une petite élite par la masse, qu'elle représente, réaliserait assez bien l'espèce de gouvernement qu'elle entrevoit.

Les plus coquins tendent simplement au

partage sous couvert de revision des contrats, de refonte de l'impôt. Tout est masque aujourd'hui. Les plus habiles tendent au gouvernement à fin d'enrichissement et luxure. Chacun a son intérêt. Personne n'ayant le même, les hommes ne se groupent plus que pour se tromper. D'intérêt général nulle trace désormais. L'intérêt général n'est plus représenté que par l'intérêt électoral.

Il n'y a plus que des questions de personnes. Les principes sont les boucliers, d'assez méchant abri, sous lesquel les hommes sont engagés. Le moi hideux cherche des masques et il en trouve toujours, de quoi ne plus se reconnaître lui-même.

Un bienfait assez appréciable des temps nouveaux, c'est que la force individuelle peut s'exercer plus librement dans les luttes sociales. Dans l'ordre électoral, comme en tout ordre, la molécule humaine la plus vivace, la plus avisée, la plus puissante par le talent, (cette apparence de facultés absentes), ou l'argent, cette réalité toujours transformable et utilisable, sera assurée du succès. Toutefois, il y faut trop de mouvement et d'agitation. C'est une action de tous les moments qui fauche des moissons d'hommes pour des résultats qui ne profitent positivement à aucun.

Au reste, chaque âge représente une vie différente. Les sentiments, les idées, les goûts, les puissances de l'âme s'étagent et s'écrasent en un écroulement suprême. Il y a toujours trois générations : l'une qui fait les affaires de la société, l'autre qui les a faites, une troisième qui les fera. Il n'y a jamais qu'un tiers de la nation en travail ; et c'est cette fraction-là, à qui la jolie organisation des forces sociales a laissé le moins d'influence.

En résumé, le problème se pose ainsi :

Fédérer, afin de sauver la République, le suffrage universel et le gouvernement du peuple par le peuple sous la forme représentative, ramenée à la frontière même du gouvernement direct.

Césariser, afin de conserver la chose sociale, plus bas tombée, avec les formes démocratiques sauvegardées, mais frappées d'innocuité.

Dans l'ordre d'action actuelle : constituer une aristocratie politique résultant des supériorités naturelles ou acquises. Cet idéal, dépendant de l'abnégation et de la vertu des citoyens et devenant ainsi irréalisable; reçul probable jusqu'à la nuit profonde des discordes du moyen âge chrétien, dans un balancement épuisant entre le fédéralisme et le césarisme, entre la révolution inachevée et la contre-révolution inépuisée.

CHAPITRE VIII

RÉPONSE AUX OBJECTIONS.

— *Un lecteur*. J'ai lu votre livre, il donne à penser, mais jamais je ne partagerai vos idées. Je ne veux pas du fédéralisme et j'ai horreur du césarisme.

— *L'auteur*. Eh bien, accommodez-vous du régime actuel.

— *Un lecteur*. Je n'en veux pas davantage.

— *L'auteur*. Qu'est-ce que vous voulez, alors?

— *Un lecteur*. Une république raisonnable.

— *L'auteur*. Qu'est-ce que cela veut dire :

une république raisonnable? Une république raisonnable ne peut être qu'une république gouvernée par des hommes raisonnables, et si les hommes deviennent mauvais, la chose devient mauvaise elle-même. Alors comment sortez-vous de la difficulté? Il vous faut un régime politique qui vous protège contre les gens insensés qui pourraient mettre la main sur le pouvoir. Êtes-vous dans cet état, présentement?

— *Un lecteur.* Ne peut-on trouver une forme de gouvernement viable qui nous défende à la fois de l'anarchie et du despotisme?

— *L'auteur.* Mais tout le problème politique est-là!

— *Un lecteur.* Vous croyez le résoudre par le fédéralisme ou par le césarisme?

— *L'auteur.* Je ne crois absolument rien résoudre. J'avertis mon pays que les conséquences du régime actuel sont fatalement le fédéralisme ou le césarisme. Toutes les autres ormes intermédiaires d'organisme politique ont un caractère d'expérimentation, et ne pourront vivre que d'une vie précaire et fort courte.

— *Un lecteur.* Cependant, je ne saurasi

consentir à livrer la France à une désorganisation telle que celle qu'introduirait le fédéralisme, qui nous laisserait désarmés vis-à-vis de l'étranger.

L'unité nationale brisée, qui est-ce qui nous respecterait en Europe?

— *L'auteur*. Avec cela que nous sommes respectés en Europe : croyez-vous que ce soit le beau spectacle qu'offre le parlementarisme actuel, qui empêche le Prussien de se jeter sur nous? Je suis beaucoup plus tenté de penser que l'incohérence chronique de notre vie politique lui paraît la meilleure garantie de paix pour lui, et qu'on commencerait à trembler sérieusement à Berlin si la France sortait des voies actuelles pour entrer dans une ère politique prospère.

— *Un lecteur*. Mais, avec votre fédéralisme, il n'y a plus de grandeur nationale, plus d'épopées militaires!

— *L'auteur*. Vous voilà bien tous les mêmes; vous désirez la liberté ardemment, vous voulez en assurer le bienfait à votre pays, vous vous croyez raisonnables, émancipés définitivement, et vous voulez jouir de tous les bienfaits d'un gouvernement libre ; mais vous ne savez rien faire pour assurer à la liberté ses conditions d'existence. Ces conditions peuvent s'appeler le régime parlementaire en Angleterre. Je nie qu'en France, avec la République, ces conditions soient les mêmes. Je vous le répète, si vous voulez refaire la monarchie de 1830, tâchez de ressusciter la bourgeoisie. Chaque gouvernement a sa base. Le gouvernement féodal a une base aristocratique. Le gouvernement républicain de Venise a une base aristocratique. Le gouvernement monarchique a pour base la volonté absolue du roi et un corps de noblesse. Le gouvernement parlementaire constitutionnel a pour base une classe moyenne que je ne vois plus, dont les élements sont dispersés. Le gouvernement républicain démocratique a pour base le nombre. Cela peut-être la sagesse la plus admirable, cela peut être le chaos.

— *Un lecteur*. Vous croyez que le suffrage universel nous mène aux abîmes?

— *L'auteur*. Le suffrage universel, je vous le répète, est l'organe même des démocraties, et il peut soutenir deux édifices : ou une république démocratique, à formes constitutionnelles, et finalement, par une évolution rapide, à formes fédératives ; ou le césarisme. Le suffrage universel, abandonné à lui-même, c'est l'anarchie actuelle. Le suffrage universel dirigé, c'est un ministère parlementaire faisant les élections, quelque chose comme le césarisme ou un César n'ayant en face de lui que la nation et point de parlement, ou un fantôme de parlement tout entier dans ses mains. Je vous défie de sortir de là.

— *Un lecteur*. Cependant je ne puis consentir à abandonner le suffrage universel. Il n'y a pas espoir que le pays l'abandonne.

— *L'auteur*. Je ne dis pas cela. Je dis que le suffrage universel doit être condensé dans les limites où son action peut s'exercer avec compétence. J'assigne pour limite à cette action la province. Vous, vous lui livrez toutes les affaires gouvernementales, les affaires départementales, les affaires communales, les affaires extérieures : la guerre, la diplomatie, tout ! Oui, c'est tout cela que vous abandonnez au suffrage universel et aux représentants incompétents qu'ils nomment aveuglément. Je voudrais sortir des inconvénients d'un tel état de choses. N'appelez pas fédération la limitation de l'action du suffrage universel direct à la province, cela m'est égal ; mais enfin le suffrage universel direct a une limite, parce qu'il y a une limite à sa compétence. Maintenant le suffrage universel peut ne pas être direct ; s'il n'est point direct, s'il est à deux degrés, vous pouvez avec ce mode de suffrage, si vous y tenez tant, s'il vous paraît qu'il n'y a pas d'autre garantie pour la liberté que ce régime-là, établir avec un tel suffrage une forme parlementaire ; mais il faudrait savoir ce que vous voulez. Y a-t-il une assemblée qui soit en situation de dire : Voilà le régime que nous voulons appliquer à la France ? Je n'en vois pas, je n'en suppose pas d'autre que celle qui aurait reçu pour cela un mandat spécial, c'est-à-dire une constituante.

— *Le lecteur*. Et vous croyez qu'une constituante pourrait résoudre les difficultés présentes, et donner à la France une constitution définitive.

— *L'auteur*. Je n'en sais rien. Une constituante serait ce que les électeurs l'auraient faite. Il faudrait à sa nomination une préparation longue, malheureusement fatigante pour le pays, dommageable aux affaires, mais pas plus que l'administration actuelle. Quant à une constitution définitive, il n'y a pas de constitution définitive pour un peuple. Les États-Unis eux-mêmes deviennent, s'il faut en croire les rapports qui, de toutes parts, me sont faits sur la situation politique de la grande République, les États-Unis deviennent les États désunis, c'est-à-dire des États qui tendraient plutôt à se séparer les uns des autres qu'à rendre plus cohérents les liens qui les unissent actuellement. Peut-être bien verrons-nous deux ou trois empires ou royaumes taillés dans l'étoffe actuelle des États-Unis. Le territoire est trop vaste, pour que, le lien fédéral étant brisé, il puisse sortir de ses débris autre chose que de petites tyrannies. Mais je vous ferai remarquer que ce qui rend durable la constitution des États-Unis, c'est que les libertés publiques y ont été inscrites de manière qu'aucune assemblée ne pût y porter atteinte, et que la part abandonnée au congrès et aux parlements locaux est assez limitée pour que le suffrage universel, d'où ils émanent, ne puisse rien entreprendre contre le fondement de l'édifice. Si les Assemblées avaient chez nous un pouvoir plus limité, si les principes sans cesse mis en cause étaient fixés comme ils le sont par la constitution des États-Unis, bien des choses changeraient et nous aurions fait déjà un très grand pas dans la voie de l'apaisement. C'est, dans tous les cas, un des changements qu'on peut prédire avec le plus de certitude. Le régime parlementaire, s'il se maintient, sera ramené à l'exercice d'un simple contrôle.

— *Un lecteur*. Vous me paraissez bien indifférent en matière de forme de gouvernement ; vous ne pensez donc pas que chaque forme de gouvernement comporte ses conséquences nécessaires ?

— *L'auteur*. Je pense, en effet, que chaque forme de gouvernement entraîne des conséquences inévitables, mais je pense aussi que nous avons attaché jusqu'ici beaucoup trop d'importance aux étiquettes. Le problème consiste beaucoup plutôt à organiser la France qu'à organiser telle ou telle forme de gouvernement. Si l'électeur était plus avisé, il reconnaîtrait, qu'en somme, il ne se rencontre en présence que des partis, de petites églises, des coteries, de savantes franc-maçonneries du succès, quelques groupes d'individus se faisant la courte échelle pour arriver au pouvoir, les uns sous étiquette républicaine modérée, les autres sous étiquette radicale, les autres sous étiquette bonapartiste, les autres sous étiquette monarchiste. Je ne fais aucun cas de toutes ces distinctions. Tous ces clans ne peuvent avoir, si on y réfléchit un instant, qu'un même moyen de gouvernement, c'est celui qui leur sera dicté par les circonstances pour durer le plus longtemps possible dans les conditions où ils se seront établis. Je ne vois pas qu'aucun d'eux mérite tant d'intérêt. Chaque Français devrait être, de résolution ferme, indifférent aux partis, indifférent aux formes de gouvernement, et en réalité il l'est, car vous voyez le peuple, le bourgeois et toutes les classes sociales acclamer tous les gouvernements et les soutenir quels qu'ils soient, tant le besoin d'ordre et de paix est général, et tant il est vrai qu'au fond, le Français se moque de ses gouvernants, qu'ils soient princes ou bourgeois. Si le budget de la France, au lieu d'être de 3 milliards et demi, était à peine d'un milliard, comme il y a seulement 40 ans, nous verrions peut-être moins de gens acharnés à l'escalade du pouvoir.

— *Un lecteur*. La République est cepen-

7.

dant le gouvernement qui comporte le moins d'abus.

L'auteur. — La République est devenue une expression négative, qui s'applique merveilleusement à l'impersonnalité, à l'irresponsabilité, à l'anonymat, à l'indifférence, incroyance et insouciance qui caractérisent l'homme et l'action modernes.

La préférence actuelle est essentiellement à une telle expression politique.

C'est le viager et l'éternel provisoire qui conviennent si bien à l'esprit démocratique.

Le principe héréditaire est définitivement emporté. Toute restauration serait viagère. Le césarisme peut renaître sous un César à temps : il ne fondera pas de dynastie.

Le lecteur. — Alors, vous croyez peu à un changement.

L'auteur. — Je vois des changements de personnes et de formes sans doute : mais toujours dans le sens expérimental révolutionnaire.

La logique des principes antimonarchiques, antidynastiques, antihéréditaires, antireligieux barre le chemin à une réaction durable.

Le lecteur. — Nous nous agiterons donc ainsi longtemps encore?

L'auteur. — Cela est fort probable. Car je ne vois personne qui fasse de la politique en sachant ce qu'il fait, si ce n'est cependant le premier ministre qui ne fait que ce qu'il croit indispensable pour se maintenir. Et, en effet, il se maintient et il se maintiendra tant qu'il sera habile. L'habileté suffisante, tel est le principe du régime actuel.

Nous n'avons ni l'esprit de gouvernement, ni le gouvernement de l'esprit.

Le lecteur. — Tous les gouvernements sont mauvais.

L'auteur. — C'est pourquoi il n'en faut préférer aucun.

Un lecteur. — N'admettez-vous pas cependant une dictature?

L'auteur. — Lorsqu'elle est devenue nécessaire, la dictature est inévitable; et la qualité du maître est la seule chose qui importe. — J'ai toujours professé qu'un despotisme de génie serait l'idéal des gouvernements.

Nous pourrions nous contenter d'un despote sage et humain. C'est de l'incertitude de toujours l'obtenir qu'est né le *self government*, c'est-à-dire l'abus de la liberté par les peuples. La liberté leur aura causé finalement autant de mal que les autocraties successives renversées pour l'établir.

Dans la situation présente, la seule chose qui s'oppose au rétablissement *immédiat* du « bon despote » c'est d'abord qu'on ne le voit poindre de nul horizon, c'est surtout qu'on redoute la restauration, par un gouvernement absolu, du catholicisme officiel et du cléricalisme.

La crainte de l'Église est ce qui nuit le plus à la monarchie. Nous verrions jour à rétablir, en France, un régime politiquement autocratique mais religieusement *an*-archique, séparant définitivement les Églises de l'État et se montrant ainsi plus libéral et plus tolérant aux consciences que la République elle-même, que très prochainement ce régime s'établirait. C'est le seul qui me paraisse convenir à la France de ce temps-ci (1).

Individualisme dans les croyances, collecti-

(1) La République a pour ennemi le radicalisme. Les monarchies ont pour ennemi le cléricalisme. Des deux côté c'est la fin de la vieille France : fédéralisme ou césarisme. — Je défie qu'on sorte de là.

visme dans les intérêts, mille petites Églises, dix mille syndicats professionnels. Et la main d'un seul pour protéger ces croyances particulières et ces intérêts en dévorement les uns des autres.

Aussi bien mon « bon despote » devrait-il être indifférent à toutes les religions, mais non athée. Il me le faut théiste. Car un despote qui ne croirait pas en Dieu serait un César de la décadence, une affreuse brute, mortelle aux hommes et à elle-même. Toute autorité vient de Dieu ; mais toute autorité n'est pas nécessairement dynastique.

La fixité dans la transmission du pouvoir est une garantie, mais elle peut être un embarras. Ce qui est de toute nécessité et de fondement éternel, c'est l'autorité. Or, l'autorité est aux mains du maître qui sait en faire remonter la source à Dieu : elle ne saurait demeurer en des mains impies qui peuvent parfois retenir le pouvoir, mais jamais l'autorité.

Le maître demeure un homme. Mais il faut que tous les hommes sachent que Dieu demeure au-dessus d'eux et qu'il n'y a pas plus de nation durable sans Dieu que de pouvoir durable sans autorité.

Un lecteur. — Tous les honnêtes gens seront là-dessus d'accord avec vous.

L'auteur. — Tous « les honnêtes gens » sont d'accord sur les religions et sur la morale: mais ils les laissent attaquer et détruire.

Un lecteur. — Chacun est libre...

L'auteur. — Ou croit l'être. Mais tout le monde enfourche la même bête. — L'éducation classique et romantique est devenue positive et scientifique. Elle est technique et polytechnique. Elle vise à créer des spécialités, des utilités sociales. Elle s'est faite médiocre pour devenir universelle. Elle n'est plus religieuse, elle n'est plus idéaliste, elle n'enseigne que des réalités, elle n'a soif que de science et d'applications scientifiques.

C'est la fin d'une société et la préparation d'une autre, fort différente, positive et positiviste, pratique, âpre au gain, industrielle, commerçante, colonisatrice.

Plus de gloire qui ne doive rapporter, plus d'art qui ne doive enrichir l'artiste. Chaque métier doit nourrir celui qui l'exerce, et tout est devenu métier.

Il ne se rencontre plus de protecteurs des arts. Le temps des Léon X, des François Ier est passé. L'exploitation des hommes par les hommes est devenue, elle aussi, scientifique, tout comme le reste. Elle a ses lois, et ses docteurs, et ses experts. La Réforme, la Révolution se continuent. L'esprit d'examen, de critique, de recherche emporte les sociétés aux découvertes, aux expérimentations les plus hasardeuses à travers l'incrédulité, l'irrévérence et le sophisme.

Un lecteur. — Vous nous traitez bien durement ; vous êtes sévère pour la France.

L'auteur.— On a le droit d'être sévère pour sa patrie quand on a été ambitieux pour elle et qu'on l'aime, jusque dans ses égarements. Je ne vois autour de moi que désordre, désordre moral et désordre social. Je vois une nation de 37 millions d'âmes contenue dans ses débordements et dans ses mœurs par la police, par les gendarmes, par l'armée ; tout autant, sinon davantage, que sous l'Empire, dont on accusait l'immoralité. Le bourgeois exècre le peuple, le peuple exècre le bourgeois, les nobles méprisent tout le monde ; cela fait un état social intenable. Avez-vous jamais songé au nombre d'agents de police et de gendarmes nécessaires au seul service de la justice? Avez-vous consulté les statistiques? Savez-vous le nombre de crimes et de délits, crimes odieux, inavouables, de vols, de dols, d'infamies qui se commettent chaque jour, sans compter les crimes qui échappent à l'action de la justice? Dix mille agents de police ne suffisent pas à nous protéger dans Paris: trente mille gendarmes font la police en France, et tous ces agents sont littéralement sur les dents.

Je lisais dernièrement le rapport du Garde des Sceaux sur la justice criminelle, en France.

La proportion des récidivistes s'est élevée depuis dix ans de 47 à 52 p. 100, pour les accusés (de crimes); de 36 à 44 p. 100, pour les prévenus (de délits).

En 1882, les cours d'assises et les tribunaux ont condamné 18,012 individus ayant précédemment subi ou les travaux forcés, ou la réclusion, ou un emprisonnement de plus d'un an. Au total, dans la même année: 80,818 condamnations où les récidivistes, de tous genres, figurent pour plus de la moitié.

Ce sont naturellement les grandes villes qui fournissent les plus gros contingents.

Le rapport établit que dans les villes qui

atteignent ou dépassent *cent mille habitants*, on compte annuellement trente-trois récidivistes par dix mille habitants, tandis qu'on n'en compte que seize par dix mille âmes dans les villes de trente mille habitants.

Paris en fournit cinquante par dix mille âmes, soit quatorze mille pour la seule année 1882. Rassurante compagnie !

— *Un lecteur*. Mais il en est ainsi à peu près partout.

— *L'auteur*. Je ne dis pas que les nations voisines soient dans un état beaucoup plus satisfaisant. La question n'est pas là. Si nous voulons nous moraliser, si nous voulons devenir forts, plus forts que les autres, plus instruits, plus dignes, il ne faut point nous payer de telles raisons. Paris surtout, et toutes les grandes villes constituent une provocation incessante à la démoralisation générale. Certainement les nations occidentales, malgré leur civilisation apparente et la politesse de surface de leurs mœurs, sont très démoralisées, très irréligieuses, profondément troublées, et en proie, dans un temps très rapproché, à des bouleversements certains et d'une portée incalculable, mais la décentralisation, sinon la fédération, puisque le mot vous effraye, aurait précisément pour effet de corriger ces défauts, d'atténuer ces menaces. Le regretté comte de Gobineau me contait qu'à Téhéran, où il avait été ministre de France, en plus de trois ans, on n'avait pas compté plus d'un crime, et encore ce crime avait été commis par jalousie. Là, point de vols, point de ces infamies dont nous avons le spectacle à tout moment. L'argent est là-bas presque inconnu, les échanges ont lieu en nature; c'est un pays qui n'est pas tout à fait un pays de Cocagne, mais certainement les mœurs y sont plus honnêtes, plus douces qu'en Occident; et l'Orient est encore, à l'heure actuelle, malgré la moquerie de ceux qui ne le connaissent pas, un modèle que, sur beaucoup de points, nous devrions suivre.

Un lecteur. — Sans ces grandes agglomérations d'hommes, vous n'auriez point la prospérité, le mouvement commercial, industriel, intellectuel que j'admire, moi, que le monde admire avec moi, qui sont la gloire de notre patrie.

L'auteur. — Ce besoin d'admiration vous

est-il essentiel ? N'admirez-vous pas plutôt une ville de 60 ou de 100,000 habitants au plus, qui réunirait les mêmes foyers d'activité et de lumières ? Vous savez ma théorie, qui va vous faire bondir : toute ville de plus de 100,000 habitants mérite d'être rasée. Ma théorie se trouve d'ailleurs en harmonie avec le rapport du ministre de la justice dont je vous citais les chiffres tout à l'heure. Elle en devrait être la conséquence logique. Nous allons arriver au fourmillement chinois : des villes de 6 ou 7 millions d'âmes, une suite de maisons blanches ou noires à l'infini, plus d'horizons, plus de bois, plus un coin de nature pour reposer sa vue, pour retremper son âme. Allez donc faire des populations morales avec cela (1) ! Le seul être qui soit dans la nature et dans la vérité sociale combinées, c'est le paysan ; aussi se trouve en lui la dernière ressource, le dernier espoir du pays.

(1) En réalité, il n'y a jamais de ville de plus de cent mille habitants : Des juxta-positions se font, les anneaux de l'hydre se déroulent. Mais les éléments de la colonie animale demeurent distincts. Ce sont les arrondissements de Paris, qui abattent leurs barrières et restent cependant étrangers à leurs voisins. Quels rapports y a-t-il entre les habitants de Ménilmontant ou de Belleville, et ceux de l'avenue de l'Opéra, ou seulement du boulevard Saint-Denis ?

Plusieurs villes forment la grande ville qu'est Paris. On

Un lecteur. — Je vous accorde que le paysan est le meilleur fond de la nation, mais enfin il faut des ouvriers pour les travaux de l'industrie, même pour les travaux des champs.

L'auteur. — Sans doute, mais l'échange entre les campagnes et les villes devrait se faire d'une manière beaucoup plus régularisée. Les ouvriers qui n'auraient plus de travail dans les villes devraient trouver le moyen, et on devrait le mettre à leur portée, de rentrer dans leurs campagnes, pour y cultiver les champs. Il faut que l'ouvrier des champs puisse fournir du travail à la ville et que l'ouvrier qui a fourni du travail à l'industrie des villes puisse redevenir cultivateur. La force de l'individu social français serait précisément, avec la culture qu'il a acquise, avec celle qu'il acquiert de jour en jour, de pouvoir être employé à divers travaux. Seulement les villes attachent trop l'ouvrier. Il y trouve trop d'aliments à ses passions, trop de satisfactions à ses ins-

le voit bien aux jours de troubles, aux temps d'épidémie. Les Parisiens d'un quartier ne se doutent pas même de ce qui se passe dans un autre. Le mal qui frappe l'un d'eux épargne les autres. Les passions qui agitent un point de la masse laissent le reste indifférent.

tincts, et malheureusement aux plus mauvais. Changez cela, ce qui n'est pas impossible, et vous aurez fait beaucoup pour le relèvement de la patrie.

Un lecteur. — Je veux bien vous accorder ce point, mais j'ai bien des objections encore à faire à vos théories. Ainsi, comment osez-vous proposer à la France de devenir l'alliée de l'Allemagne ?

L'auteur. — Je ne propose pas à la France de devenir l'alliée de l'Allemagne. Je lui indique la voie qu'elle devra suivre dans sa politique extérieure. Êtes-vous en état de reprendre nos malheureuses provinces ? je ne le crois pas. Eh bien, comment voulez-vous les reconquérir, si c'est là la pensée secrète qui vous dirige ? Moi, je voudrais qu'on commençât par leur assurer une indépendance complète, une espèce d'autonomie, et puis, étant donné que nous marchons à la tête de la civilisation et que nous ne pouvons plus y marcher seuls, il faut y marcher avec les nations qui la représentent à un degré équivalent : c'est l'Angleterre, c'est l'Allemagne, c'est l'Autriche, c'est l'Italie, voire même l'Espagne.

Ne sommes-nous pas toujours en cousinage

avec quelque nation de l'Europe ? Avec l'Allemagne, ne pourrait-on facilement se marier sans s'épouser ?

Un lecteur.— Jamais vous ne ferez entendre raison aux Français là-dessus. Jamais vous ne leur ferez comprendre que la France puisse être amie de l'Allemagne sans que l'Allemagne nous ait rendu nos provinces.

L'auteur. — Hélas! je le voudrais bien, moi aussi, mais le moyen, l'avez-vous, encore une fois ? Commencez donc par faire un pas dans la voie que je vous indique, et puis, bien des remaniements se feront à travers la carte de l'Europe, qui peuvent vous laisser quelque espérance. D'ailleurs, le système fédératif pourrait être établi par les circonstances, impérativement, et alors la neutralisation d'États tels que la Belgique, l'Alsace-Lorraine, le grand duché de Luxembourg, se rattachant les uns au au groupe français, les autres au groupe allemand, n'aurait plus qu'un caractère de garantie pour les alliances nouvelles résultant de ce remaniement général.

Un lecteur. — Ah! vous croyez aussi aux États-Unis d'Europe ?

L'auteur. — Je crois parfaitement que l'Europe sera bientôt mise dans la nécessité de se considérer comme une grande fédération de peuples ayant les mêmes intérêts, ayant le même besoin de se protéger. Pour faire équilibre aux races nouvelles qui nous menacent d'Orient et d'Amérique, il faudra que, de gré ou de force, en Europe, on s'entende. L'Europe arrivant à s'entendre sur le Congo, sur l'Égypte..., etc.; c'est l'Europe amenée à s'accorder sur toutes les questions d'ordre intra-européen. Tant qu'on se battra en Europe, disait Napoléon, — ce sera une guerre civile. Le mot est profondément vrai.

Un lecteur. — Mais l'amitié de l'Angleterre ne vous suffit-elle pas ? Ne serions-nous pas en mesure, restant d'accord avec l'Angleterre, de braver toutes les combinaisons de la politique européenne ?

L'auteur. — L'Angleterre n'est une alliée sincère pour aucune puissance. Elle est trop méprisante et trop personnelle. Elle n'a jamais en vue que des intérêts anglais, non des intérêts qui se puissent accorder avec d'autres intérêts particuliers ou des intérêts généraux. S'il est vrai que chaque partie engagée ne songe qu'à son avantage, il est constant qu'aucun engagement ne se forme sans intérêts communs entre parties. C'est ordinairement de l'ensemble de ces intérêts communs que se dégage quelque profit général, quelque progrès de civilisation.

C'est ce que l'esprit français entrevoit très bien. C'est ce que l'esprit anglais n'a jamais admis. A quelle époque de son histoire l'Angleterre a-t-elle sacrifié ses intérêts politiques et commerciaux à quelque idéal social ou humanitaire?

Or, dans une action concertée on est toujours en deçà ou au delà des prévisions. Comment compter sur une puissance très considérable, mais étroitement égoïste et jalouse, qui voit partout quelque chose à prendre, et, la chose prise, se tire d'affaire de son côté avant la fin de l'entreprise et en empêche ensuite le résultat au profit de ceux qui sont restés en cause! C'est là l'histoire de toutes les alliances avec l'Angleterre.

Toutes les entreprises françaises rencontrent l'opposition de l'Angleterre. La France commence à en être convaincue et sa patience semble près d'être épuisée.

Il faut, que de l'autre côté du détroit, on prenne garde à cette situation.

Nous n'opposons aucun obstacle au déve-
pement de la puissance anglaise. Nous ad-
ttons très volontiers la parallélisme mais
ı l'intersection. L'Angleterre et la France
ıvent s'étendre sans se rencontrer, mais
ɜ l'Angleterre ne nous mette pas dans la
:essité de partager avec elle ou de la battre.
ur cela, qu'elle nous laisse à Madagascar,
Tonkin et partout où nous sommes engagés.
us ne sommes pas disposés à lui redis-
:er l'empire des Indes, tombé par nos fautes
:re ses mains. Et contre la Russie, qui la
nace, ce ne sera pas trop de nos sympathies
même de notre concours, pour lui conserver
possessions.

Jn lecteur. — Si je vous ai bien compris, il
drait, sans nous allier positivement à l'Al-
ıagne, profiter de ses bonnes dispositions,
sser se produire les rapprochements qui ré-
teront de la prochaine distribution des in-
êts et des accords coloniaux entre les di-
'ses puissances de l'Europe et entrer réso-
ıent dans la voie de l'arbitrage pour ne pas
e du fédéralisme européen.

Vous arriveriez ainsi au désarmement.

L'auteur. — Certes, au désarmement progressif, proportionnel et simultané, au désarmement combiné entre toutes les nations dont les charges militaires sont les plus écrasantes pour les peuples. Ni l'Allemagne, ni la France ne pourront soutenir indéfiniment des charges aussi lourdes.

Un lecteur. — Il est clair que si, en effet, les choses devaient se passer ainsi, il importerait peu que la France fût encore une grande puissance militaire ou une fédération.

L'auteur. — D'autant mieux, que je n'entends point du tout, vous avez pu le remarquer, décentraliser l'armée comme l'administration.

Au point de vue de l'administration intérieure du pays, vous arrivez déjà à une espèce de fédéralisme, avec la publicité des séances des conseils municipaux, avec un Sénat de plus en plus libérâtre et qui mérite bien le nom de grand conseil des communes qu'on lui a donné autrefois, avec l'abdication forcée des préfets, sous-préfets et agents de l'administration. Pour ce qui est de l'armée, et en grande partie de la justice, elles restent nationales. Mais je serais très heureux de pouvoir essayer d'un système qui ne serait pas le service militaire obligatoire pour tous. Je préfère les armées de volontaires ou de mercenaires aux armées dites nationales qui, sous prétexte de servir et de protéger une nation, la désorganisent et, à certains égards, ne font que détourner les progrès de la civilisation au profit d'une sorte de barbarie militaire. C'est avec des volontaires, des mercenaires, et des troupes indigènes, que l'Angleterre soutient son immense empire, fragile, je l'accorde, parce qu'il a pris des proportions trop étendues, mais qui, tout à l'heure encore, était le plus considérable et le plus respecté du monde.

Un lecteur — Quoi? nous aurions fait tant de sacrifices pour avoir la plus forte armée de l'Europe, et nous devrions encore changer de système, quand nous n'avons pas même trouvé la dernière formule du système militaire obligatoire pour tous?

L'auteur. — C'est précisément parce que nos lois militaires sont encore incomplètes et que le système actuel n'a pas été éprouvé, que ses résultats sont incertains, qu'il pourrait être encore modifié dans le sens que j'indique. Il ne s'agit pas de réduire l'armée, de nous découvrir, mais d'introduire dans notre système militaire l'élément volontaire, l'élément mercenaire et l'élément indigène de nos colonies. C'est un peu, au fond, ce que le gouvernement actuel lui-même prétend faire sous le nom d'armée coloniale, mais le principe des armées coloniales serait le même pour le territoire français.

C'est d'ailleurs un sujet sur lequel nous pourrons revenir. Car, ce n'est pas au moment où nous commettons la faute d'enseigner la guerre à l'Orient, en la lui faisant, qu'il peut être question de réduire une armée aussi bien employée.

Un lecteur. — Tenez-vous donc pour rien nos succès du Tonkin ?

L'auteur. — Je les apprécie patriotiquement.

J'en suis heureux et fier aussi, en quelque mesure. J'accorde qu'ils auront servi à relever notre prestige. Mais leur effet restera sans doute un effet tout moral.

Quoi qu'il en soit, la question n'est pas là. Il faut éviter la faute de constituer une cohue armée, à la place d'une armée forte et disciplinée.

Je ne suis pas partisan des armées nombreuses, mais des armées aguerries. Nous étions cinq contre un à Eckmühl, et nous avons battu les Autrichiens. Partout : en Italie, en Prusse, à Wagram comme à Champaubert nous étions en nombre inférieur : et nos ennemis ne l'ignoraient pas toujours. Mais nos soldats se croyaient en nombre, savaient combattre, avaient confiance dans leurs chefs. C'est là ce qui fait la victoire.

Un lecteur. — En résumé, et pour laisser de côté cette question de l'armée que vous préférez réserver, nous marchons, suivant vous, à un changement de régime.

L'auteur. — Je vous enferme dans ces conclusions : ou vous reviserez et remanierez fondamentalement la constitution, à forme monarchique de 1875, et créerez un état républicain se rapprochant plus ou moins du fédéralisme : ou vous reviendrez, constitutionnellement ou révolutionnairement, au césarisme impérial, ou monarchique, ou dictatorial.

Un lecteur. — Mais si la monarchie était restaurée, elle serait libérale.

L'auteur. — C'est une erreur. Elle serait césarienne tout comme l'Empire, ou elle ne pourrait se maintenir : car, ou elle vivrait avec le suffrage universel, ou elle le détruirait.

Or, pour vivre avec le suffrage universel, il n'y a que le moyen césarien-démocratique d'une excessive concentration de pouvoir, ne laissant place au suffrage universel qu'entre le pouvoir et le néant, qu'entre les choix dictés par le maître ou l'anarchie confuse.

Un lecteur. — Par lassitude, ou pour toute autre cause, on s'en tiendra à ce qui est.

L'auteur. — On s'en tient toujours à ce qui est, ou, tout au moins, cela paraît ainsi : mais sous les dehors de l'ordre établi, un ordre nouveau se prépare qui surgit tout à coup et surprend toutes les bonnes gens attardés à ne voir la vie que dans l'habitude de jours semblables et sans fin.

Je vous accorde que les résistances, qui s'opposent, naturellement, à tout changement et qui souvent balancent les forces contraires, qui entraînent aux destructions et renouvellements, pourront retarder, quelque temps encore, l'apparition des conséquences que j'indique. Le marasme sénile des peuples épuisés de civilisation, énervés de philosophie et d'humanitarisme, peut nous retenir dans les formes indécises de la République actuelle. Mais, de concession en concession, de législature en législature, nous arriverons à toucher le fond même de toute démocratie : le gouvernement direct, dont le fédéralisme est la forme la plus saine.

Un lecteur. — Mais pour le moment?...

L'auteur. — Pour le moment : le régime qui convient le mieux à la France, c'est l'immobilité variée. Diverses formes de gouvernement, qui trouvent chacune leurs admirateurs, peuvent réaliser cet idéal.

Un lecteur. — Nous serons donc toujours dupes?

L'auteur. — D'autres peuples se contentent d'être heureux. Nous voulons être admirés et servir de modèles au genre humain : très noble ambition, mais fatale au bonheur.

Prenons garde de passer pour un peuple qui ne peut ni se gouverner, ni se laisser gouverner.

TABLES DES MATIÈRES

Paris. — Imprimerie G. Rougier et Cie, rue Cassette, 1.

www.ingramcontent.com/pod-product-compliance
Ingram Content Group UK Ltd.
Pitfield, Milton Keynes, MK11 3LW, UK
UKHW021058200726
13857UKWH00003B/1002